LES

Née Sophie Rostopchine à Saint-Pétersbourg en 1799, la future **Comtesse de Ségur** connaît une enfance difficile entre un père et une mère également autoritaires. Alors que la famille a suivi le père exilé volontaire en France, elle épouse en 1819 le comte Eugène de Ségur. De cette union naîtront bientôt huit enfants, lesquels engendreront à leur tour ceux qui seront les destinataires de ses premières œuvres. C'est en effet sur le tard que la comtesse découvre sa vocation, composant son premier volume, *Les nouveaux contes de fées,* à l'âge de cinquante-cinq ans. Mais sa carrière s'épanouit très vite et, en treize ans, elle écrira avec un rare bonheur la vingtaine de livres qui constitueront cette œuvre singulière, entièrement vouée à l'enfance, partout reconnue et appréciée. La Comtesse de Ségur meurt à Paris le 31 janvier 1874.

ISBN 2-203-13511-5

COMTESSE DE SÉGUR

LES VACANCES

suivies de
Histoire de la princesse Rosette

Illustrations de Jobbé-Duval
Couverture de Marcel Marlier

casterman

I

l'arrivée

Tout était en l'air au château de Fleurville. Camille et Madeleine de Fleurville, Marguerite de Rosbourg et Sophie Fichini, leurs amies, allaient et venaient, montaient et descendaient l'escalier, couraient dans les corridors, sautaient, riaient, criaient, se poussaient. Les deux mamans, Mme de Fleurville et Mme de Rosbourg, souriaient à cette agitation, qu'elles ne partageaient pas, mais qu'elles ne cherchaient pas à calmer; elles étaient assises dans un salon qui donnait sur le chemin d'arrivée.

De minute en minute, une des petites filles passait la tête à la porte et demandait : « Eh bien! arrivent-ils? »

— Pas encore, chère petite, répondait une des mamans.

— Ah! tant mieux, nous n'avons pas encore fini.

Et elle repartait comme une flèche.

« Mes amies, ils n'arrivent pas encore; nous avons le temps de tout finir. »

CAMILLE. — Tant mieux! Sophie, va vite au jardin demander des fleurs...

SOPHIE. — Quelles fleurs faut-il demander?

MADELEINE. — Des dahlias et du réséda : ce sera facile à arranger et l'odeur en sera agréable et pas trop forte.

MARGUERITE. — Et moi, Camille, que dois-je faire?

CAMILLE. — Toi, cours avec Madeleine chercher de la mousse pour cacher les queues des fleurs. Moi je vais laver les vases à la cuisine et j'y mettrai de l'eau.

Sophie courut au potager et rapporta un grand panier rempli de beaux dahlias et de réséda qui embaumait.

Marguerite et Madeleine ramenèrent une brouette de mousse.

Camille apporta quatre vases bien lavés, bien essuyés et pleins d'eau.

Les quatre petites se mirent à l'ouvrage avec une telle activité, qu'un quart d'heure après les vases étaient pleins de fleurs gracieusement arrangées; les dahlias étaient entremêlés de branches de réséda. Elles en portèrent deux dans la chambre destinée à leurs cousins Léon et Jean de Rugès, et deux dans la chambre du petit cousin Jacques de Traypi.

CAMILLE, *regardant de tous côtés*. — Je crois que tout est fini maintenant; je ne vois plus rien à faire.

MADELEINE. — Jacques sera enchanté de sa chambre; elle est charmante!

SOPHIE. — La collection d'images que nous avons mise sur la table va l'amuser beaucoup.

MARGUERITE. — Je vais voir s'ils arrivent!

CAMILLE. — Oui, va, nous te suivons.

Marguerite partit en courant, et, avant que ses amies eussent pu la rejoindre, elle reparut haletante et criant :
« Les voilà! les voilà! les voitures ont passé la barrière et elles entrent dans le bois. »

Camille, Madeleine et Sophie se précipitèrent vers le perron, où elles trouvèrent leurs mamans; elles auraient bien voulu courir au-devant de leurs cousins, mais les mamans les en empêchèrent.

Quelques instants après, les voitures s'arrêtaient devant le perron aux cris de joie des enfants. M. et Mme de Rugès et leurs deux fils, Léon et Jean, descendirent de la première; M. et Mme de Traypi et leur petit Jacques descendirent de la seconde. Pendant quelques instants, ce fut un tumulte, un bruit, des exclamations à étourdir.

Léon était un beau et grand garçon blond, un peu moqueur, un peu rageur, un peu indolent et faible, mais bon garçon au fond ; il avait treize ans.

Jean était âgé de douze ans ; il avait de grands yeux noirs pleins de feu et de douceur ; il avait du courage et de la résolution ; il était bon, complaisant et affectueux.

Jacques était un charmant enfant de sept ans ; il avait les cheveux châtains et bouclés, les yeux pétillants d'esprit et de malice, les joues roses, l'air décidé, le cœur excellent, le caractère vif, mais jamais d'humeur ni de rancune.

Sophie seule restait à l'écart ; on l'avait embrassée en descendant de voiture ; mais elle sentait que, ne faisant pas partie de la famille, n'ayant été admise à Fleurville que par suite de l'abandon de sa belle-mère, elle ne devait pas se mêler indiscrètement à la joie générale.

Jean s'aperçut le premier de l'isolement de la pauvre Sophie et, s'approchant d'elle, il lui prit les mains en lui disant avec affection :

« Ma chère Sophie, je me suis toujours souvenu de ta complaisance pour moi lors de mon dernier séjour à Fleurville ; j'étais alors un petit garçon ; maintenant que je suis plus grand, c'est moi qui te rendrai des services à mon tour. »

SOPHIE. — Merci de ta bonté, mon bon Jean ! merci de ton souvenir et de ton amitié pour la pauvre orpheline que je suis.

CAMILLE. — Sophie, chère Sophie, tu sais que nous sommes tes sœurs, que maman est ta mère ! pourquoi nous affliges-tu en t'attristant toi-même ?

SOPHIE. — Pardon, ma bonne Camille ; oui, j'ai tort ! j'ai réellement trouvé ici une mère et des sœurs.

— Et des frères, s'écrièrent ensemble Léon, Jean et Jacques.

— Merci, mes chers frères, dit Sophie en souriant. J'ai une famille dont je suis fière.

— Et heureuse, n'est-ce pas? dit tout bas Marguerite d'un ton caressant et en l'embrassant.

— Chère Marguerite! répondit Sophie en lui rendant son baiser.

— Mes enfants, mes enfants! descendez vite; venez goûter, dit Mme de Fleurville qui était restée en bas avec ses sœurs et ses beaux-frères.

Les enfants ne se firent point répéter une si agréable invitation; ils descendirent en courant et se trouvèrent dans la salle à manger autour d'une table couverte de fruits et de gâteaux.

Tout en mangeant, ils formaient des projets pour le lendemain.

Léon arrangeait une partie de pêche, Jean arrangeait des lectures à haute voix. Jacques dérangeait tout; il voulait passer toute la journée avec Marguerite pour attraper des papillons et les piquer dans ses boîtes, ou encore pour jouer aux billes, pour regarder et copier des images. Il voulait avoir Marguerite le matin, l'après-midi, le soir. Elle demandait qu'il lui laissât la matinée jusqu'au déjeuner pour travailler.

JACQUES. — Impossible! c'est le meilleur temps pour attraper les papillons.

MARGUERITE. — Eh bien! laisse-moi travailler d'une heure à trois.

JACQUES. — Encore plus impossible; c'est justement le temps qu'il nous faudra pour arranger nos papillons, étendre leurs ailes, les piquer sur les planches de liège.

MARGUERITE. — Mais, Jacques, tu n'as pas besoin de moi pour arranger tes papillons?

JACQUES. — Oh! ma petite Marguerite, tu es si bonne, je t'aime tant! Je m'amuse tant avec toi et je m'ennuie tant tout seul!

LÉON. — Et pourquoi veux-tu avoir Marguerite pour toi tout seul? Nous voulons aussi l'avoir; quand nous pêcherons, elle viendra avec nous.

JACQUES. — Vous êtes déjà cinq! Laisse-moi ma chère Marguerite pour m'aider à arranger mes papillons...

MARGUERITE. — Écoute, Jacques. Je t'aiderai pendant une heure; ensuite nous irons pêcher avec Léon.

Jacques grogna un peu. Léon et Jean se moquèrent de lui. Camille et Madeleine l'embrassèrent et lui firent comprendre qu'il ne fallait pas être égoïste, qu'il fallait être bon camarade et sacrifier quelquefois son plaisir à celui des autres. Jacques avoua qu'il avait tort et il promit de faire tout ce que voudrait sa petite amie Marguerite.

Le goûter était fini; les enfants demandèrent la permission d'aller se promener et partirent en courant à qui arriverait le plus vite au jardin de Camille et de Madeleine. Ils le trouvèrent plein de fleurs, très bien bêché et bien cultivé.

JEAN. — Il vous manque une petite cabane pour mettre vos outils, et une autre pour vous mettre à l'abri de la pluie, du soleil et du vent.

CAMILLE. — C'est vrai, mais nous n'avons jamais pu réussir à en faire une; nous ne sommes pas assez fortes.

LÉON. — Eh bien! pendant que nous sommes ici, Jean et moi nous bâtirons une maison.

JACQUES. — Et moi aussi j'en bâtirai une pour Marguerite et pour moi.

LÉON, *riant*. — Ha! ha! ha! Voilà un fameux ouvrier! Est-ce que tu sauras comment t'y prendre?

JACQUES. — Oui, je le saurai et je la ferai.

MADELEINE. — Nous t'aiderons, mon petit Jacques, et je suis bien sûre que Léon et Jean t'aideront aussi.

JACQUES. — Je veux bien que tu m'aides, toi, Madeleine, et Camille aussi, et Sophie aussi; mais je ne veux pas de Léon, il est trop moqueur.

JEAN, *riant*. — Et moi, Jacques, Ta Grandeur voudra-t-elle accepter mon aide?

JACQUES, *fâché*. — Non, monsieur, je ne veux pas de toi non plus; je veux te montrer que Ma Grandeur est bien assez puissante pour se passer de toi.

SOPHIE. — Mais comment feras-tu, mon pauvre Jacques, pour atteindre au haut d'une maison assez grande pour nous tenir tous?

JACQUES. — Vous verrez, vous verrez; laissez-moi faire, j'ai mon idée.

Et il dit quelques mots à l'oreille de Marguerite qui se mit à rire et lui répondit bas aussi.

« Très bien, très bien, ne leur dis rien jusqu'à ce que ce soit fini. »

Les enfants continuèrent leur promenade; on mena les cousins au potager où ils passèrent en revue tous les fruits mais sans y toucher, puis à la ferme où ils visitèrent la vacherie, la bergerie, le poulailler, la laiterie; ils étaient tous heureux; ils riaient, ils couraient; grimpant sur des arbres, sautant des fossés, cueillant des fleurs pour en faire des bouquets qu'ils offraient à leurs cousines et à leurs amies. Jacques donnait les siens à Marguerite. Ceux de Jean étaient pour Madeleine et Sophie; Léon réservait les siens à Camille. Ils ne rentrèrent que pour dîner. La promenade leur avait donné bon appétit; ils mangèrent à effrayer leurs parents. Le dîner fut très gai. Aucun d'eux n'avait peur de ses parents; pères, mères, enfants riaient et causaient gaiement.

Enfin arriva l'heure du coucher des plus jeunes, Sophie, Marguerite et Jacques, puis des plus grands, et enfin l'heure du repos pour les parents. Le lendemain on devait commencer les cabanes, attraper des papillons, pêcher à la pièce d'eau, lire, travailler, se promener; il y avait de l'occupation pour vingt-quatre heures au moins.

II

les cabanes

Les enfants étaient en vacances, et tous avaient congé ; les papas et les mamans avaient déclaré que, pendant six semaines, chacun ferait ce qu'il voudrait du matin au soir, sauf deux heures réservées au travail.

Le lendemain de l'arrivée des cousins, on s'éveilla de grand matin.

Marguerite sortit sa tête de dessous sa couverture et appela Sophie, qui dormait profondément ; Sophie se réveilla en sursaut et se frotta les yeux.

« Quoi ? qu'est-ce ? Faut-il partir ? Attends, je viens. » En disant ces mots, elle retomba endormie sur son oreiller.

Marguerite allait recommencer, lorsque la bonne, qui couchait près d'elle, lui dit :

« Taisez-vous donc, mademoiselle Marguerite ; laissez-nous dormir ; il n'est pas encore cinq heures ; c'est trop tôt pour se lever. »

MARGUERITE. — Dieu ! que la nuit est longue aujourd'hui ! quel ennui de dormir !

Et, tout en songeant aux cabanes et aux plaisirs de la journée, elle aussi se rendormit.

Camille et Madeleine, éveillées depuis longtemps, attendaient patiemment que la pendule sonnât sept heures et leur permît de se lever sans déranger leur bonne, Élisa, qui, n'ayant pas de cabane à construire, dormait paisiblement.

Léon et Jean s'étaient éveillés et levés à six heures.

Jacques avait eu, avant de se coucher, une conversation à voix basse avec son père et Marguerite ; on les voyait causer avec animation ; on les entendait rire ; de temps en temps, Jacques sautait, battait des mains et embrassait son papa et

Marguerite; mais ils ne voulurent dire à personne de quoi ils avaient parlé avec tant de chaleur et de gaieté. Le lendemain, quand Léon et Jean allèrent éveiller Jacques, ils trouvèrent la chambre vide.

JEAN. — Comment! déjà sòrti! A quelle heure s'est-il donc levé?

LÉON. — Écoute donc; un premier jour de vacances on veut s'en donner, des courses, des jeux, des promenades! Nous le retrouverons dans le jardin. En attendant mes cousines et mes amies, allons faire un tour à la ferme; nous déjeunerons avec du bon lait tout chaud et du pain bis.

Jean approuva vivement ce projet; ils arrivèrent au moment où l'on finissait de traire les vaches. La fermière, la mère Diart, les reçut avec empressement. Après les premières phrases de bonjour et de bienvenue, Léon demanda du lait et du pain bis.
La mère Diart s'empressa de les servir.
Léon et Jean remercièrent la fermière et se mirent à manger avec délices ce bon lait tout chaud et ce pain de ménage, à peine sorti du four et tiède encore.
« Assez, assez, Jean, dit Léon. Si nous nous étouffons, nous ne serons plus bons à rien. N'oublie pas que nous avons nos cabancs à commencer. Nous aurons fini les nôtres avant que ce petit vantard de Jacques ait pu seulement commencer la sienne. »

JEAN. — Hé! hé! Je ne dis pas cela, moi. Jacques est fort; il est très vif et intelligent; il est résolu et, quand il veut, il veut ferme.

LÉON. — Laisse donc! ne vas-tu pas croire qu'il saura faire une maison à lui tout seul, aidé seulement par Sophie et Marguerite?

JEAN. — C'est bon! tu riras après; en attendant, viens chercher nos cousines; il va être huit heures.

Ils coururent à la maison, allèrent frapper à la porte de leurs cousines qui les attendaient et qui leur ouvrirent avec empressement. Ils se demandèrent réciproquement des nouvelles de leur nuit et descendirent pour courir à leur jardin et commencer leur cabane. En approchant, ils furent surpris d'entendre frapper comme si on clouait des planches.

CAMILLE. — Qui est-ce qui peut cogner dans notre jardin?

MADELEINE. — C'est sans doute dans le bois.

CAMILLE. — Mais non! les coups semblent venir du jardin.

LÉON. — Ah! voici Marguerite; elle nous dira ce que c'est.

Au même instant, Marguerite cria très haut : « Léon, Jean, bonjour; Sophie et Jacques sont avec moi. »
— Ne crie donc pas si fort, dit Jean en souriant, nous ne sommes pas sourds.
Marguerite courut à eux, les arrêta pour les embrasser tous, puis ils prirent le chemin qui menait au jardin, en tournant un peu court dans le bois.
Quelle ne fut pas leur surprise en voyant Jacques, le pauvre petit Jacques, armé d'un lourd maillet et clouant des planches aux piquets qui formaient les quatre coins de sa cabane. Sophie l'aidait en soutenant les planches.
Jacques avait très bien choisi l'emplacement de sa maisonnette; il l'avait adossée à des noisetiers qui formaient un buisson très épais et qui l'abritaient d'un soleil trop ardent. Mais ce qui causa aux cousins une vive surprise, ce fut la promptitude du travail de Jacques et la force et l'adresse avec lesquelles il avait placé et enfoncé les gros piquets qui devaient recevoir les planches avec lesquelles il formaient les murs. La porte et une fenêtre étaient déjà indiquées par des piquets pareils à ceux qui faisaient les coins de la maison.

Ils s'étaient arrêtés tous quatre; leur étonnement se peignait si bien sur leurs figures que Jacques, Marguerite et Sophie ne purent s'empêcher de sourire, puis d'éclater de rire. Jacques jeta son maillet à terre pour rire plus à son aise.

Enfin Léon s'avança vers lui.

LÉON, *avec humeur*. — Pourquoi et de quoi ris-tu?

JACQUES. — Je ris de vous tous et de vos airs étonnés.

JEAN. — Mais, mon petit Jacques, comment as-tu pu faire tout cela, et comment as-tu eu la force de porter ces lourds piquets et ces lourdes planches?

JACQUES, *avec malice*. — Marguerite et Sophie m'ont aidé.

Léon et Jean hochèrent la tête d'un air incrédule; ils tournèrent autour de la cabane, regardèrent partout d'un air méfiant pendant que Camille et Madeleine s'extasiaient devant l'habileté de Jacques et admiraient la promptitude avec laquelle il avait travaillé.

CAMILLE. — A quelle heure t'es-tu donc levé, mon petit Jacques?

JACQUES. — A cinq heures, et à six j'étais ici avec mes piquets, mes planches et tous mes outils. Tenez, mes amis, prenez les outils maintenant : chacun son tour.

LÉON. Non, Jacques, continue; nous voudrions te voir travailler pour prendre des leçons de ton grand génie.

Jacques jeta à Marguerite et à Sophie un coup d'œil d'intelligence et répondit en riant :

« Mais nous travaillons depuis longtemps, et nous sommes fatigués. Nous allons à présent courir après les papillons. »

LÉON, *avec ironie*. — Pour vous reposer sans doute?

MADELEINE. — Précisément, pour nous reposer les mains et l'esprit.

Et ils partirent en riant et en sautant.

Léon les regarda s'éloigner et dit :
« Ils ne ressemblent guère à des gens fatigués. »
Au même instant Camille et Madeleine se rapprochèrent
avec inquiétude de Léon et de Jean.

CAMILLE. — J'ai entendu les branches craquer dans le
buisson.

MADELEINE. — Et moi aussi ; entendez-vous ? On s'éloigne
avec précaution.

Pendant que Léon reculait en s'éloignant prudemment du
buisson et des bois, Jean saisissait le maillet de Jacques et
s'élançait devant ses cousines pour les protéger.
Ils écoutèrent quelques instants et n'entendirent plus rien.
Léon alors dit d'un air mécontent :
« Vous vous êtes trompées : il n'y a rien du tout. Laisse donc
ce maillet, Jean ; tu prends un air matamore en pure perte ; il
n'y a aucun ennemi pour se mesurer avec toi. »

MADELEINE. — Merci, Jean ; s'il y avait eu du danger, tu
nous aurais défendues bravement.

CAMILLE. — Léon, pourquoi plaisantes-tu du courage de
Jean ? Il pouvait y avoir du danger, car je suis sûre d'avoir
entendu marcher avec précaution dans le fourré, comme si
on voulait se cacher.

Camille, qui pressentait une dispute, changea la conversation
en parlant de leur cabane. Elle demanda qu'on choisît l'emplacement ; après bien des incertitudes, ils décidèrent qu'on
la bâtirait en face de celle de Jacques. Ensuite, ils allèrent
chercher des pièces de bois et les planches nécessaires pour la
construction. Ils firent leur choix dans un grand hangar où il
y avait du bois de toute espèce. Ils chargèrent leurs planches
et leurs piquets sur une petite charrette à leur usage ; Léon et
Jean s'attelèrent aux brancards, Camille et Madeleine poussaient derrière, et ils partirent au trot, passant en triomphe

devant Jacques, Marguerite et Sophie qui couraient dans le pré après les papillons; ceux-ci allèrent se ranger en ligne au coin du bois et leur présentèrent les armes avec leurs filets à papillons, tout en riant d'un air malicieux.

Jean, Camille et Madeleine rirent aussi d'un air joyeux; Léon devint rouge et voulut s'arrêter; mais Jean tirait, Camille et Madeleine poussaient, et Léon dut marcher avec eux.

Bientôt après, la cloche du déjeuner se fit entendre; les enfants laissèrent leur ouvrage et montèrent pour se laver les mains, donner un coup de peigne à leurs cheveux et un coup de brosse à leurs habits.

On se mit à table; M. de Traypi demanda des nouvelles des cabanes.

« Marchent-elles bien, vos constructions? Êtes-vous bien avancés, vous autres grands garçons? Quant à mon pauvre Jacquot, je présume qu'il en est encore au premier piquet. Hé, Léon? »

LÉON, *d'un air de dépit*. — Mais non, mon oncle; nous ne sommes pas très avancés; nous commençons seulement à placer les quatre piquets des coins.

M. DE TRAYPI. — Et Jacques, hé, où en est-il?

LÉON, *de même*. — Je ne sais pas comment il a fait, mais il a déjà commencé comme nous.

MARGUERITE. — Dis donc aussi qu'il est bien plus avancé que vous autres, grands et forts, puisqu'il cloue déjà les planches des mûrs.

M. DE TRAYPI. — Ha! ha! Jacques n'est donc pas si mauvais ouvrier que tu craignais, Léon?

Léon ne répondit rien et rougit. Tout le monde se mit à rire; Jacques, qui était à côté de son père, lui prit la main et la

baisa furtivement. On parla d'autres choses; de bons gâteaux avec du chocolat mousseux mirent la joie dans tous les
cœurs et dans tous les estomacs. Après le déjeuner, les enfants voulurent mener leurs parents dans leur jardin pour
voir l'emplacement et le commencement des maisonnettes,
mais les parents déclarèrent tous qu'ils ne les verraient que
terminées; ils firent alors ensemble une petite promenade
dans le bois, pendant laquelle Léon arrangea une partie de
pêche.
Camille et Madeleine coururent au jardin où leurs cousins ne
tardèrent pas à les rejoindre; en quelques minutes le jardi-
nier leur remplit un petit pot avec des vers superbes, et ils
allèrent à la pièce d'eau où ils trouvèrent Jacques, Marguerite et Sophie qui avaient préparé un seau pour y mettre les
poissons et du pain pour les attirer.
La pêche fut bonne; vingt et un poissons passèrent de la
pièce d'eau dans le seau qui était leur prison de passage; ils
ne devaient en sortir que pour périr par le fer et par le feu de
la cuisine. La pêche était déjà bien en train, et l'on ne s'était
pas encore aperçu que Jacques s'était esquivé. Madeleine fut
la première qui remarqua son absence, mais elle ajouta :
« Il est probablement rentré pour arranger ses papillons. »
— Les papillons qu'il n'a pas pris, dit Marguerite en riant à
l'oreille de Sophie.
Sophie lui répondit par un signe d'intelligence et un sourire.
« Qu'est-ce qu'il y a donc? dit Léon d'un air soupçonneux.
Je ne sais pas ce qu'elles complotent, mais elles ont depuis ce
matin, ainsi que Jacques, un air mystérieux et narquois qui
n'annonce rien de bon. »

MARGUERITE, *riant*. — Pour vous ou pour nous?

LÉON. — Pour tous; car, si vous nous jouez des tours à Jean
et à moi, nous vous en jouerons aussi.

JEAN. — Oh! ne me craignez pas, mes chères amies :

jouez-moi tous les tours que vous voudrez, je ne vous les rendrai jamais.

MARGUERITE. — Que tu es bon, toi, Jean! Ne crains rien, nous ne te jouerons jamais de méchants tours.

SOPHIE. — Et nous sommes bien sûres que vous nous permettrez des tours innocents.

JEAN, *riant*. — Ah! il y en a donc en train? Je m'en doutais. Je vous préviens que je ferai mon possible pour les déjouer.

MARGUERITE. — Impossible, impossible; tu ne pourras jamais.

JEAN. — C'est ce que nous verrons!

LÉON. — Voilà près de deux heures que nous pêchons, nous avons plus de vingt poissons; je pense que c'est assez pour aujourd'hui. Qu'en dites-vous, mes cousines?

CAMILLE. — Léon a raison; retournons à nos cabanes, qui ne sont pas trop avancées; tâchons de rattraper Jacques qui est le plus petit et qui a bien plus travaillé que nous.

JEAN. — C'est précisément ce que je ne peux comprendre; Sophie, toi qui travailles avec lui, dis-moi donc comment il se fait que vous ayez fait l'ouvrage de deux hommes, tandis que nous avons à peine enfoncé les piquets de notre maison.

MADELEINE. — Savez-vous, mes amis, ce que nous faisons, nous autres? Nous ne faisons rien et nous perdons notre temps. Je suis sûre que Jacques est à l'ouvrage pendant que nous nous demandons comment il a fait pour tant avancer.

— Allons voir, allons voir, s'écrièrent tous les enfants, à l'exception de Marguerite et Sophie.
— Il faut d'abord ranger nos lignes et nos hameçons, dit Sophie en les retenant.
— Et porter nos poissons à la cuisine, dit Marguerite.

LÉON, *d'un air moqueur et contrefaisant la voix de Margue-rite*. — Et puis les faire cuire nous-mêmes, pour donner à Jacques le temps de finir.

JEAN, *riant*. — Attendez, je vais voir où il est.

Et il voulut partir en courant, mais Sophie et Marguerite se jetèrent sur lui pour l'arrêter. Jean se débattait doucement en riant; Camille et Madeleine accoururent pour lui venir en aide. Marguerite se jeta à terre et saisit une des jambes de Jean.
« Arrête-le, arrête-le; prends-lui l'autre jambe », cria-t-elle à Sophie. Mais Camille et Madeleine se précipitèrent sur Sophie qui riait si fort qu'elle n'eut pas la force de les repousser. Marguerite, tout en riant aussi, s'était accrochée aux pieds de Jean qui, lui aussi, riait tellement qu'il tomba le nez sur l'herbe. Sa chute ne fit qu'augmenter la gaieté générale; Jean riait aux éclats, étendu tout de son long sur l'herbe; Marguerite, tombée de son côté, riait le nez sur la semelle de Jean. Leur ridicule attitude faisait rire aux larmes Sophie, maintenue par Camille et Madeleine qui se roulaient à force de rire. L'air grave de Léon redoubla leur gaieté. Il se tenait debout auprès des poissons et demandait de temps en temps d'un air mécontent : « Aurez-vous bientôt fini? En avez-vous encore pour longtemps? »
Plus Léon prenait un air digne et fâché, plus les autres riaient. Leur gaieté se ralentit enfin; ils eurent la force de se relever et de suivre Léon qui marchait gravement, accompa-gné d'éclats de rire et de gaies plaisanteries. Il approchèrent ainsi du petit bois où l'on construisait les cabanes et ils entendirent distinctement des coups de marteaux si forts et si répétés qu'ils jugèrent impossible qu'ils fussent donnés par le petit Jacques.
« Pour le coup, dit Jean en s'échappant et en entrant dans le fourré, je saurai ce qu'il en est! »

Sophie et Marguerite s'élancèrent par le chemin qui tournait dans le bois en criant : « Jacques ! Jacques ! garde à toi ! »
Léon courut de son côté et arriva le premier à l'emplacement des maisonnettes ; il n'y avait personne, mais par terre étaient deux forts maillets, des clous, des chevilles, des planches, etc.

« Personne, dit Léon ; c'est trop fort ; il faut les poursuivre. A moi, Jean, à moi ! »
Et il se précipita à son tour dans le fourré. Au bout de quelques instants on entendit des cris partis du bois :
« Le voilà ! le voilà ! il est pris ! — Non, il s'échappe ! — Attrape-le ! à droite ! à gauche ! »
Sophie, Marguerite, Camille, Madeleine écoutaient avec anxiété, tout en riant encore. Elles virent Jean sortir du bois, échevelé, les habits en désordre. Au même instant, Léon en sortit dans le même état, demandant à Jean avec empressement :
« L'as-tu vu ? Où est-il ? Comment l'as-tu laissé aller ? »
— Je l'ai entendu courir dans le bois, répondit Jean, mais, de même que toi, je n'ai pu le saisir ni même l'apercevoir.
Pendant qu'il parlait, Jacques, rouge, essoufflé, sortit aussi du bois et leur demanda d'un air malin ce qu'il y avait, pourquoi ils avaient crié et qui ils avaient poursuivi dans le bois.

LÉON, *avec humeur*. — Fais donc l'innocent, rusé que tu es. Tu sais mieux que nous qui nous avons poursuivi et par quel côté il s'est échappé.

JEAN. — J'ai bien manqué de le prendre tout de même ; sans Jacques qui est venu me couper le chemin dans un fourré, je l'aurais empoigné.

LÉON. — Et tu lui aurais donné une bonne leçon, j'espère.

JEAN. — Je l'aurais regardé, reconnu, et je vous l'aurais amené pour le faire travailler à notre cabane. Allons, mon petit Jacques, dis-nous qui t'a aidé à bâtir si bien et si vite ta cabane. Nous ferons semblant de ne pas le savoir, je te le promets.

JACQUES. — Pourquoi feriez-vous semblant?

JEAN. — Pour qu'on ne te reproche pas d'être indiscret.

JACQUES. — Ha! ha! vous croyez donc que quelqu'un a eu la bonté de m'aider, que ce quelqu'un serait fâché si je vous disais son nom, et tu veux, toi Jean, que je sois lâche et ingrat, en faisant de la peine à celui qui a bien voulu se fatiguer à m'aider?

LÉON. — Ta, ta, ta, voyez donc ce beau parleur de sept ans! Nous allons bien te forcer à parler, tu vas voir.

JEAN. — Non, Léon, Jacques a raison; je voulais lui faire commettre une mauvaise action, ou tout au moins une indiscrétion.

LÉON. — C'est pourtant ennuyeux d'être joué par un gamin.

SOPHIE. — N'oublie pas, Léon, que tu l'as défié, que tu t'es moqué de lui et qu'il avait le droit de te prouver...

LÉON. — De me prouver quoi?

SOPHIE. — De te prouver... que... que...

MARGUERITE, *avec vivacité*. — Qu'il a plus d'esprit que toi et qu'il pouvait te jouer un tour innocent, sans que tu aies le droit de t'en fâcher.

LÉON, *piqué*. — Aussi je ne m'en fâche pas, mesdemoiselles; soyez assurées que je saurai respecter l'esprit et la sagesse de votre protégé.

MARGUERITE, *vivement*. — Un protégé qui deviendra bientôt un protecteur.

JACQUES, *à Marguerite avec vivacité*. — Et qui ne se mettra pas derrière toi quand il y aura un danger à courir.

LÉON, *avec colère*. — De quoi et de qui veux-tu parler, polisson ?

JACQUES, *vivement*. — D'un poltron et d'un égoïste.

Camille, craignant que la dispute ne devînt sérieuse, prit la main de Léon et lui dit affectueusement :

« Léon, nous perdons notre temps ; et toi, qui es le plus sage et le plus intelligent de nous tous, dirige-nous pour notre pauvre cabane si en retard, et distribue à chacun de nous l'ouvrage qu'il doit faire. »

— Je me mets sous tes ordres, s'écria Jacques qui regrettait sa vivacité.

Léon, que la petite flatterie de Camille avait désarmé, se sentit tout à fait radouci par la déférence de Jacques, et, oubliant la parole trop vive que celui-ci venait de prononcer, courut aux outils, donna à chacun sa tâche, et tous se mirent à l'ouvrage avec ardeur. Pendant deux heures il travaillèrent avec une activité digne d'un meilleur sort ; mais leurs pièces de bois ne tenaient pas bien, les planches se détachaient, les clous se tordaient. Ils recommençaient avec patience et courage le travail mal fait, mais ils avançaient peu. Le petit Jacques semblait vouloir racheter ses paroles par un zèle au-dessus de son âge. Il donna plusieurs excellents conseils, qui furent suivis avec succès. Enfin, fatigués et suants, ils laissèrent leur maison jusqu'au lendemain, après avoir jeté un regard d'envie sur celle de Jacques déjà presque achevée. Jacques, qui avait semblé mal à l'aise depuis la querelle, les quitta pour rentrer, disait-il, et il alla droit chez son père qui le reçut en riant.

M. DE TRAYPI. — Eh bien ! mon Jacquot, nous avons été serrés de près ! J'ai bien manqué d'être pris ! Si tu ne t'étais pas jeté entre le fourré où j'étais et Jean, il m'aurait attrapé tout de même. C'est égal, nous avons bien avancé la besogne ; j'ai demandé à Martin de tout finir pendant notre dîner, et demain ils seront bien surpris de voir que ton ouvrage s'est fait en dormant.

— Oh! non, papa, je vous en prie, dit Jacques en jetant ses petits bras autour du cou de son père. Laissez ma maison et faites finir celle de mes pauvres cousins.

— Comment! dit le père avec surprise, toi qui tenais tant à attraper Léon (il l'a mérité, il faut l'avouer), tu veux que je laisse ton ouvrage pour faire le sien!

JACQUES. — Oui, mon cher papa, parce que j'ai été méchant pour lui, et cela me fait de la peine de le taquiner depuis qu'il a été bon pour moi : car il pouvait et devait me battre pour ce que je lui ai dit, et il ne m'a même pas grondé.

Et Jacques raconta à son papa la scène qui avait eu lieu au jardin.

M. DE TRAYPI. — Et pourquoi l'as-tu accusé d'égoïsme et de poltronnerie, Jacques? Sais-tu que c'est un terrible reproche? Et en quoi l'a-t-il mérité?

JACQUES. — Vous savez, papa, que le matin, lorsque nous nous sommes sauvés et cachés dans le bois, Camille et Madeleine, nous entendant remuer, ont cru que c'étaient des loups ou des voleurs. Jean s'est jeté devant elles, et Léon s'est mis derrière, et je voyais à travers les feuilles, à son air effrayé, que, si nous bougions encore, il se sauverait au lieu d'aider Jean à les secourir. C'est cela que je voulais lui reprocher, papa, et c'était très méchant à moi, car c'était vrai.

M. DE TRAYPI, *l'embrassant en souriant*. — Tu es un bon petit garçon, mon petit Jacquot; ne recommence pas une autre fois; et moi je vais faire finir leur maison pour être de moitié dans ta pénitence.

Le lendemain, quand les enfants, accompagnés cette fois de Sophie et de Marguerite, allèrent à leur jardin pour continuer leurs cabanes, quelle ne fut pas leur surprise de les voir toutes deux entièrement finies et même ornées de portes et de fenêtres! Ils s'arrêtèrent tout stupéfaits. Sophie, Jacques et Marguerite les regardaient en riant.

« Comment cela s'est-il fait? » dit enfin Léon. Par quel miracle notre maison se trouve-t-elle achevée?

— Parce qu'il était temps de faire finir une plaisanterie qui aurait pu mal tourner, dit M. de Traypi sortant de dedans le bois. Jacques m'a raconté ce qui s'était passé hier, et m'a demandé de vous venir en aide comme je l'avais fait pour lui dès le commencement. D'ailleurs, ajouta-t-il en riant, j'ai eu peur d'une seconde poursuite comme celle d'hier. J'ai eu toutes les angoisses d'un coupable. Deux fois j'ai été à deux pas de mes poursuivants. Toi, Jean, tu me prenais, sans la présence de Jacques, et toi, Léon, tu m'as effleuré en passant près d'un buisson où je m'étais blotti.

Les enfants remercièrent leur oncle d'avoir fait terminer leurs maisons. Léon embrassa le petit Jacques qui lui demanda tout bas pardon. « Tais-toi, lui répondit Léon, rougissant légèrement, ne parlons plus de cela. » C'est que Léon sentait que l'observation de Jacques avait été vraie. Et il se promit de ne plus la mériter à l'avenir. Il s'agissait maintenant de meubler les maisons; chacun des enfants demanda et obtint une foule de trésors, comme tabourets, vieilles chaises, tables de rebut, bouts de rideaux, porcelaines et cristaux ébréchés. Tout ce qu'ils pouvaient attraper était porté dans les maisons. Chaque jour ajoutait quelque chose à l'agrément des cabanes; M. de Rugès et M. de Traypi s'amusaient à les embellir au-dedans et au-dehors. A la fin des vacances elles étaient devenues de charmantes maisonnettes; l'intervalle des planches avait été bouché avec de la mousse au-dedans comme au-dehors; les fenêtres étaient garnies de rideaux; les planches qui formaient le toit avaient été recouvertes de mousse rattachée par des bouts de ficelle pour que le vent ne l'emportât pas. Le terrain avait été recouvert de sable fin. Quand il fallut se quitter, les cabanes entrèrent pour beaucoup dans les regrets de la séparation. Mais les vacances devaient durer près de deux mois ; on n'était encore qu'au troisième jour et l'on avait le temps de s'amuser.

III

la visite au moulin

« Je propose une grande promenade au moulin, par les bois, dit M. de Rugès. Nous irons voir la nouvelle mécanique établie par ma sœur de Fleurville, et, pendant que nous examinerons les machines, vous autres enfants vous jouerez sur l'herbe où l'on vous préparera un bon goûter de campagne : pain bis, crème fraîche, lait caillé, fromage, beurre et galette de ménage. Que ceux qui m'aiment me suivent! »
Tous l'entourèrent au même instant.

Les enfants, qui étaient partis au galop, revinrent sur leurs pas et se groupèrent autour de leurs parents.

La promenade fut charmante, la fraîcheur du bois tempérait la chaleur du soleil; de temps en temps on s'asseyait, on causait, on cueillait des fleurs, on trouvait quelques fraises.

Tout en causant, on approcha du moulin; les enfants virent avec surprise une foule de monde assemblée tout autour; une grande agitation régnait dans cette foule; on allait et venait, on se formait en groupes, on courait d'un côté, on revenait avec précipitation de l'autre. Il était clair que quelque chose d'extraordinaire se passait au moulin.

« Serait-il arrivé un malheur et d'où peut venir cette agitation? » dit M\ :sup{me}\ de Rosbourg.

— Approchons, nous saurons bientôt ce qui en est, répondit M\ :sup{me}\ de Fleurville.

Les enfants regardaient d'un œil curieux et inquiet. En approchant on entendit des cris, mais ce n'étaient pas des cris de douleur, c'étaient des explosions de colère, des imprécations, des reproches. Bientôt on put distinguer des uniformes de gendarmes; une femme, un homme et une petite fille se débattaient contre deux de ces braves militaires qui

cherchaient à les maintenir. La petite fille et sa mère poussaient des cris aigus et lamentables; le père jurait, injuriait
tout le monde. Les gendarmes, tout en y mettant la plus
grande patience, ne les laissaient pas échapper. Bientôt les
enfants purent reconnaître le père Léonard, sa femme et
Jeannette. Malgré les cris perçants de Jeannette et de sa mère
et les imprécations du père, les gendarmes leur lièrent les
mains, les pieds et les assirent ainsi garrottés sur un banc,
pendant que l'un d'eux allait chercher une charrette pour les
transporter à la prison de la ville.

Mme de Fleurville et ses compagnes étaient restées un peu à
l'écart avec les enfants. MM. de Rugès et de Traypi s'étaient
approchés des gendarmes pour savoir la cause de cette arres-
tation. Léon et Jean les avaient suivis.

« Pourquoi arrêtez-vous la famille Léonard, gendarmes? demanda M. de Rugès. Qu'ont-ils fait? »

— C'est pour vol, monsieur, répondit poliment le gendarme
en touchant son képi; il y a longtemps qu'on porte plainte
contre eux, mais ils sont habiles; nous ne pouvions pas les
prendre. Enfin, l'autre jour, au marché, la petite s'est trahie
et nous a mis sur la voie.

M. DE RUGÈS. — Comment cela?

LE GENDARME. — Il paraîtrait qu'ils ont volé une pièce de
toile qui était à blanchir sur l'herbe. Ils l'ont cachée dans
leur huche à pain, sous de la farine; mais, dans la nuit, la
petite s'est dit : « Puisque mon père et ma mère ont volé la
toile de la femme Martin, je puis bien aussi leur en voler un
morceau; ça fait que j'aurai de quoi acheter des gâteaux et
des sucres d'orge. » La voilà qui se lève et qui en coupe un
bon bout. C'était la veille du marché. Le lendemain, la petite
se dit : « Ce n'est pas tout d'avoir la toile, il faut encore que
je la vende. » Et la voilà qui, sans rien dire à père et mère,
part pour le marché et offre sa toile à la fille Chartier.

« Combien en as-tu? lui dit la fille Chartier. — J'en ai bien six mètres, de quoi faire deux chemises, répond la petite Léonard. — Combien que tu veux la vendre? — Ah! pas cher, je vous la donnerai bien pour une pièce de cinq francs. — Tope là, et je te la prends; tiens, voilà la pièce et donne-moi la toile. » Les voici bien contentes toutes les deux, la petite Léonard d'avoir cinq francs, la fille Chartier d'avoir de quoi faire deux chemises et pas cher. Mais, quand elle la rapporte chez elle, qu'elle la montre à sa mère et qu'elle la déploie pour mesurer si le compte y est, ne voilà-t-il pas que la farine s'envole de tous côtés; la chambre en était blanche; la mère et la fille Chartier étaient tout comme des meunières. « Qu'est-ce que c'est que ça? disent-elles. Cette toile a donc été blanchie à la farine? Faut la secouer. Viens, Lucette, secouons-la dans la rue; ce sera bien vite fait. » Les voilà qui secouent devant leur porte quand passe la mère Martin. « Où allez-vous donc, que vous avez l'air si affairée? lui demanda la mère Chartier. — Ah! je vais porter plainte à la gendarmerie : on m'a volé ma belle pièce de toile cette nuit. Faut que je tâche de la rattraper. — Et moi je viens d'en acheter un bout qui n'est pas cher, dit la mère Chartier. — Tiens, dit l'autre en la regardant, mais c'est tout comme la mienne. Qu'est-ce que vous lui faites donc à votre toile? — Je la secoue; elle était si pleine de farine que nous en étions avcuglées, Lucette et moi. — Tiens, tiens! de la toile enfarinée? Mais où donc l'avez-vous eue? — C'est la petite Léonard qui me l'a vendue comme ça. — La petite Léonard? où a-t-elle pu avoir de la toile aussi fine?... Mais!... laissez-moi donc voir le bout; cela ressemble terriblement à la mienne. » La mère Martin prend la toile, l'examine, arrive au bout et reconnaît une marque qu'elle avait faite à sa pièce. Les voilà toutes trois bien étonnées : la mère Martin bien contente d'être sur la piste de sa toile, la mère Chartier bien attrapée d'avoir donné sa pièce de cinq francs pour un bout de toile

qui était volée; elles arrivent toutes trois chez moi et me
racontent ce qui vient d'arriver. « Toute votre toile y est-
elle? que je dis à la femme Martin. — Pour ça non! répond-
elle. Il y en avait près de cinquante mètres. — Alors il faut
tâcher de ravoir les quarante-quatre mètres qui vous man-
quent, mère Martin. Laissez-moi faire; je crois bien que je
vous les retrouverai. Nous allons bien surveiller le marché;
si la femme ou le père Léonard y apporte votre toile, je les
arrête; s'ils n'y viennent pas ou qu'ils viennent avec rien que
leurs sacs de farine, j'irai demain avec mes camarades faire
une reconnaissance au moulin. Puisque c'est la petite Léonard qui vous en a vendu un bout, c'est que l'autre bout est
au moulin. — Mais si elle la vend à quelque voisin? dit la
mère Martin. — N'ayez pas peur, ma bonne femme, elle
n'osera pas; tout le monde chez vous sait que votre toile est
volée. — Je crois bien qu'on le sait, dit la mère Martin, je
l'ai dit à tout le village et j'ai envoyé mon garçon et ma
petite le dire partout dans les environs, de crainte qu'elle ne
soit vendue par là! Vous voyez bien qu'il n'y a pas de
danger », que je lui réponds. Et je me mets en quête avec les
camarades. Rien au marché, rien dans la ville. Alors nous
sommes venus ce matin faire notre visite au moulin, avec un
ordre d'arrêter, s'il y a lieu. Nous avons cherché partout;
nous ne trouvions rien. Les Léonard nous agonisaient d'injures. Enfin, je me rappelle la farine que secouaient les femmes
Chartier, et l'idée me vient d'ouvrir la huche; elle était pleine
de farine; je fouille dedans avec le fourreau de mon sabre.
Les Léonard crient que je leur gâte leur farine; je fouille tout
de même, et voilà-t-il pas que j'accroche un bout de la toile;
je tire, il en venait toujours. C'était toute la pièce de la mère
Martin. Les Léonard veulent s'échapper; mais les camarades
gardaient les portes et les fenêtres. On les prend; ils se
débattent. J'arrête aussi la petite qui crie qu'elle est
innocente. Je raconte l'histoire de la toile enfarinée. La petite

Léonard se trouble, pleure; la mère s'élance sur elle et la frappe à la joue; le père en fait autant sur le dos. Si les camarades et moi nous ne l'avions retirée d'entre leurs mains, ils l'auraient mise en pièces. Tout cela a duré un bout de temps, monsieur; le monde s'est rassemblé; il y en a plus que je ne voudrais, car c'est toujours pénible de voir une jeune fille comme ça déshonorée, et des parents qui ont mené leur fille à mal.

— Vous êtes un brave et digne soldat, dit M. de Rugès en lui tendant la main; le sentiment d'humanité que vous manifestez à l'égard de ces gens qui vous ont accablé d'injures est noble et généreux.

Le gendarme prit la main de M. de Rugès et la serra avec émotion.

« Notre devoir est souvent pénible à accomplir, et peu de gens le comprennent; c'est un bonheur pour nous de rencontrer des hommes justes comme vous, monsieur. »

Léon et Jean avaient écouté avec attention le récit du gendarme. Les dames et les enfants s'étaient aussi rapprochés et avaient pu l'entendre également, de sorte que Léon et Jean n'eurent rien à leur apprendre. Les Léonard avaient recommencé leurs injures et leurs cris; ces dames pensèrent que, n'ayant rien à faire pour les Léonard, il était plus sage de s'éloigner, de crainte que les enfants ne fussent trop impressionnés de ce qu'ils entendaient. On avait été obligé d'éloigner Jeannette de ses parents, qui, tout garrottés qu'ils étaient, voulaient encore la maltraiter. Mmes de Fleurville et de Rosbourg, et le reste de la compagnie, se dirigèrent vers une partie de la forêt assez éloignée du moulin pour qu'on ne pût rien voir ni entendre de ce qui s'y passait. Les enfants étaient restés tristes et silencieux, sous l'impression pénible de la scène du moulin. M. de Rugès demanda à faire une halte et à étaler sur l'herbe les provisions que portait l'âne qui les suivait; ce moyen de distraction réussit très bien. Les enfants ne se firent pas prier ; ils firent honneur au repas rustique ; crème, lait caillé, beurre, galette, fraises des bois, tout fut mangé. Ils causèrent beaucoup de Jeannette et de ses parents.

LÉON. — Comment Jeannette a-t-elle pu devenir assez mauvaise pour voler et vendre cette toile avec tant d'effronterie ?

MADAME DE FLEURVILLE. — Parce que son père et sa mère lui donnaient l'exemple du vol et du mensonge. Bien des fois ils m'ont volé du bois, du foin, du blé, et ils se faisaient toujours aider par Jeannette. Tout naturellement, elle a voulu profiter de ces vols pour elle-même.

— Pour tout oublier, dit Mme de Fleurville en se levant, je propose une partie de cache-cache, de laquelle nous serons tous, petits et grands, jeunes et vieux.

— Bravo ! bravo ! ce sera bien amusant, s'écrièrent tous les enfants. Voyons, qui est-ce qui l'est ?

— Il faut l'être deux, dit Mme de Rosbourg ; ce serait trop difficile de prendre étant seul.

— Ce sera moi et ma sœur de Fleurville, dit M. de Traypi ; ensuite de Rugès avec Mme de Rosbourg ; puis ceux qui se laisseront prendre. Une, deux, trois. La partie commence : le but est à l'arbre près duquel nous nous trouvons.

Toute la bande se dispersa pour se cacher dans des buissons ou derrière des arbres.

« Défendu de grimper aux arbres ! » cria Mme de Traypi.

— Hou ! hou ! crièrent plusieurs voix de tous les côtés.

— C'est fait, dit M. de Traypi. Prenez de ce côté, ma sœur ; je prendrai de l'autre.

Ils partirent tout doucement chacun de leur côté, marchant sur la pointe des pieds, regardant derrière les arbres, examinant les buissons.

« Attention, mon frère ! cria Mme de Fleurville, j'entends craquer les branches de votre côté. »

Vous êtes un brave et digne soldat!

— Ah! j'en tiens un, s'écria M. de Traypi en s'élançant dans un buisson.

Mais il avait parlé trop vite; Camille et Jean étaient partis comme des flèches et arrivèrent au but avant que M. de Traypi eût pu les rejoindre. Pendant ce temps Mme de Fleurville avait découvert Léon et Madeleine, elle se mit à leur poursuite; M. de Traypi accourut à son aide; pendant qu'ils les poursuivaient, Marguerite et Jacques les croisèrent en courant vers le but. Mme de Fleurville, croyant ceux-ci plus faciles à prendre, abandonna Léon et Madeleine à M. de Traypi et courut après Marguerite et Jacques; mais, tout jeunes qu'ils étaient, ils couraient mieux qu'elle, qui en avait perdu l'habitude, et ils arrivèrent haletants et en riant au but au moment où elle allait les atteindre.

Essoufflée, fatiguée, elle se jeta sur l'herbe en riant et y resta quelques instants pour reprendre haleine. Elle alla ensuite rejoindre son frère qui faisait vainement tous ses efforts pour attraper Léon, Madeleine et les grands; quant à Sophie, elle n'était pas encore trouvée. A force d'habileté et de persévérance, M. de Traypi finit par les prendre tous malgré leurs ruses, leurs cris, leurs efforts inouïs pour arriver au but. Sophie manquait toujours.

« Sophie, Sophie, criait-on, fais *hou!* qu'on sache de quel côté tu es. »

Personne ne répondait.

L'inquiétude commença à gagner Mme de Fleurville.

« Il n'est pas possible qu'elle ne réponde pas si elle est réellement cachée, dit-elle; je crains qu'il ne lui soit arrivé quelque chose. »

— Elle aura été trop loin, dit M. de Rugès.

— Pourvu qu'elle ne se perde pas, comme il y a trois ans, dit Mme de Rosbourg.

— Ah! pauvre Sophie! s'écrièrent Camille et Madeleine. Allons la chercher, maman.

— Oui, allons-y tous, mais chacun des petits escorté d'un grand, dit M. de Traypi.

Ils se partagèrent en bandes et se mirent tous à la recherche de Sophie, l'appelant à haute voix ; leurs cris retentissaient dans la forêt, aucune voix n'y répondait. L'inquiétude commençait à devenir générale ; les enfants cherchaient avec une ardeur qui témoignait de leur affection et de leurs craintes. Enfin, Jean et M\u1d50\u1d49 de Rosbourg crurent entendre une voix étouffée appeler au secours. Ils s'arrêtèrent, écoutèrent... Ils ne s'étaient pas trompés.

« Au secours ! au secours ! Mes amis, sauvez-moi ! »

— Sophie, Sophie, où es-tu ? cria Jean épouvanté.

— Près de toi, dans l'arbre, répondit Sophie.

— Mais où donc ? mon Dieu ! où donc ! Je ne vois pas.

Et Jean, effrayé, désolé, cherchait, regardait de tous côtés, sur les arbres, par terre : il ne voyait pas Sophie.

Tout le monde était accouru près de Jean, à l'appel de M\u1d50\u1d49 de Rosbourg. Tous cherchaient sans trouver.

« Sophie, chère Sophie, cria Camille, où es-tu ? sur quel arbre ? Nous ne te voyons pas. »

SOPHIE, *d'une voix étouffée.* — Je suis tombée dans l'arbre qui était creux ; j'étouffe ; je vais mourir si vous ne me tirez pas de là.

— Comment faire ? s'écriait-on. Si on allait chercher des cordes ?

Jean réfléchit une minute, se débarrassa de sa veste et s'élança sur l'arbre, dont les branches très basses permettaient de grimper dessus.

« Que fais-tu ? cria Léon ; tu vas être englouti avec elle. »

— Imprudent ! s'écria M. de Rugès. Descends, tu vas te tuer.

Mais Jean grimpait avec une agilité qui lui fit promptement atteindre le haut du tronc pourri. Jacques s'était élancé après Jean et arriva près de lui avant que son père et sa mère

eussent eu le temps de l'en empêcher. Il tenait la veste de
Jean et défit promptement la sienne. Jean, qui avait jeté les
yeux dans le creux de l'arbre, avait vu Sophie tombée au
fond et s'était écrié :

« Une corde ! une corde ! vite une corde ! »

Léon, Camille et Madeleine s'élancèrent dans la direction du
moulin pour en avoir une. Mais Jacques passa les deux
vestes à Jean qui noua vivement la manche de la sienne à la
manche de celle de Jacques, et jetant sa veste dans le trou
pendant qu'il tenait celle de Jacques :

« Prends ma veste, Sophie ; tiens-la ferme à deux mains.
Aide-toi des pieds pour remonter pendant que je vais tirer. »

Jean, aidé du pauvre petit Jacques, tira de toutes ses forces.
M. de Rugès les avait rejoints et les aida à retirer la malheureuse Sophie, dont la tête pâle et défaite apparut enfin au-
dessus du trou. Au même instant, les vestes commencèrent à
se déchirer. Sophie poussa un cri perçant. Jean la saisit par
une main, M. de Rugès par l'autre, et ils la retirèrent tout à
fait de cet arbre qui avait failli être son tombeau ; Jacques
dégringola lestement jusqu'en bas ; M. de Rugès descendit
avec plus de lenteur, tenant dans ses bras Sophie à demi
évanouie, et suivi de Jean. Mme de Fleurville et toutes ces
dames s'empressèrent autour d'elle ; Marguerite se jeta en
sanglotant dans ses bras. Sophie l'embrassa tendrement. Dès
qu'elle put parler, elle remercia Jean et Jacques bien affectueusement de l'avoir sauvée. Lorsque Camille, Madeleine et
Léon revinrent, traînant après eux vingt mètres de corde,
Sophie était remise ; elle put se lever et marcher à la rencontre de ses amis ; elle sourit à la vue de cette corde immense.

MADAME DE FLEURVILLE. — Voilà Sophie bien remise de sa
frayeur et nous voilà tous rassurés sur son compte ; je demande maintenant qu'elle nous explique comment cet accident est arrivé.

M. DE RUGÈS. — C'est vrai, on était convenu de ne pas grimper aux arbres.

SOPHIE, *embarrassée*. — Je voulais... me cacher mieux que les autres. Je m'étais mise derrière ce gros chêne, pensant que je tournerais autour et qu'on ne me trouverait pas.

MADAME DE TRAYPI. — Ah! par exemple! j'ai pris Madeleine, et puis Léon, qui avaient voulu aussi tourner autour d'un gros arbre.

SOPHIE. — C'est précisément parce que je vous voyais de loin prendre Madeleine et Léon, que j'ai pensé à trouver une meilleure cachette. Les branches de l'arbre étaient très basses; j'ai grimpé de branche en branche.

MARGUERITE. — C'est-à-dire que tu as triché.

SOPHIE. — Donc, de branche en branche j'étais arrivée à un endroit où le tronc de l'arbre se séparait en plusieurs grosses branches; il y avait au milieu un creux couvert de feuilles sèches; j'ai pensé que j'y serais très bien. Je suis montée dans le creux; au moment où j'y ai posé mes pieds, j'ai senti l'écorce et les feuilles sèches s'enfoncer sous moi, et, avant que j'aie pu m'accrocher aux branches, je me suis sentie descendre jusqu'au fond de l'arbre. J'ai crié, mais ma voix était étouffée par la frayeur, puis par la profondeur du trou où j'étais tombée.

» J'étais à moitié morte de peur. Je croyais qu'on ne me trouverait jamais, car je sentais combien ma voix était sourde et affaiblie. Je pris courage pourtant quand j'entendis appeler de tous côtés; je redoublai d'efforts pour crier, mais j'entendais passer près de l'arbre où j'étais tombée, et je sentais bien qu'on ne m'entendait pas. Enfin, notre cher et courageux Jean m'a entendue et m'a sauvée avec l'aide de mon petit Jacques...

JEAN. — Et c'est lui qui a eu l'idée de nouer les deux vestes ensemble.

Tout le monde se leva et l'on se dirigea vers la maison, tout en causant vivement des événements de la matinée.

une rencontre inattendue

« J'aime beaucoup la forêt du moulin », dit un jour Léon à ses cousines et à ses amies.

— Et moi, je ne l'aime pas du tout, dit Sophie.

JEAN. — Pourquoi donc? Elle est pourtant bien belle.

SOPHIE. — Parce qu'il arrive toujours des malheurs dans cette forêt. Je n'aime pas quand on y va.

LÉON. — Je ne vois pas quel malheur y est arrivé. On s'y amuse toujours beaucoup.

SOPHIE. — Toi, tu t'y amuses, c'est possible; mais je te réponds que je ne m'y suis pas amusée le jour que j'ai manqué étouffer dans le creux de l'arbre...

LÉON. — Oh! mais c'était ta faute.

SOPHIE. — Je ne dis pas que ce n'était pas ma faute; mais j'ai manqué tout de même d'y étouffer.

LÉON. — Est-ce que tu étais bien mal dans cet arbre?

SOPHIE. — Comment, si j'y étais mal? Puisque je te dis que j'étouffais.

LÉON. — Tu ne pouvais pas étouffer! Tu avais de l'air par le haut.

SOPHIE, *avec impatience*. — Mais j'étais tout au fond, le corps serré par l'écorce.

LÉON. — Ah bah! Je m'en serais bien tiré, moi.

SOPHIE. — En vérité! J'aurais voulu t'y voir.

LÉON. — Je n'aurais eu besoin du secours de personne pour en sortir, je t'en réponds.

JEAN, *avec ironie*. — Tu te vantes, mon brave.

JACQUES. — Rien de plus facile que d'essayer : allons à la forêt, monte sur l'arbre, laisse-toi glisser au fond, nous ne t'aiderons pas, et tu en sortiras tout seul. Veux-tu?

LÉON, *embarrassé*. — Je le ferais certainement, si..., si...

JACQUES, *riant*. — Si quoi?

LÉON, *embarrassé*. — Si je ne craignais d'effrayer mes cousines qui pourraient croire,... qui pourraient craindre...

JACQUES. — Craindre quoi? puisque tu es si brave.

LÉON. — Et pourquoi n'essayes-tu pas, toi qui me conseilles de le faire?

JACQUES. — Parce que je crois, moi, que c'est très dangereux, et j'aurais peur.

LÉON, *avec ironie*. — Peur, toi qui fais toujours le brave, toi qui te précipites toujours au milieu des dangers qui n'existent pas, pour te donner la réputation d'un Gérard-tueur-de-lions. Tu aurais peur, toi, Jacques le téméraire, le batailleur.

JEAN. — Oui, il aurait peur, précisément parce qu'il a le vrai courage, celui qui le porte à secourir les autres dans le danger, et non pas à le braver inutilement.

LÉON. — Je vous prouverai bien, moi, que je suis plus courageux que Jacques. Allons à la forêt, je me glisserai dans le creux de l'arbre... Seulement... il faut que je demande la permission à papa.

JEAN. — Ha, ha! voilà qui est bon! Ce sera une manière d'avoir raison, car tu sais bien que papa ne te laissera pas faire.

LÉON. — Papa me laissera faire, s'il pense, comme moi, qu'il n'y a aucun danger. Vous allez voir.

Léon, suivi de tous les enfants, alla vers la chambre de son papa, qu'il trouva avec son oncle, M. de Traypi. Tous deux riaient en demandant à Léon ce qu'il voulait.

LÉON. — Papa, je viens vous demander la permission d'aller dans la forêt du moulin avec mes cousines.

M. DE RUGÈS. — Pour quoi faire?

LÉON. — Papa, c'est pour entrer dans le creux de cet arbre dans lequel Sophie prétend avoir étouffé l'autre jour.

M. DE RUGÈS, *souriant*. — Mais ne crains-tu pas, si tu entres dans cet arbre, de ne plus pouvoir en sortir?

LÉON. — Papa, je ne le crains pas; pourtant, si vous me le défendez, je ne le ferai pas.

M. DE RUGÈS. — Non, non, je ne te le défends pas; je te recommande seulement d'être prudent.

LÉON, *inquiet*. — Papa, si vous craignez le moindre accident, je ne l'essayerai certainement pas; je serais bien fâché de vous causer quelque inquiétude. Je dirai à mes cousines, à Jean et à ce petit moqueur de Jacques, que vous ne trouvez pas la chose raisonnable.

M. DE RUGÈS. — Mais pas du tout. Essaye, je ne demande pas mieux. J'irai même avec vous pour être témoin de ton acte de courage... inutile c'est vrai, mais qui fera taire les mauvaises langues qui t'accusent de poltronnerie.

LÉON, *abattu*. — Papa, je vous remercie,... j'irai certainement,... je n'ai certainement pas peur,... j'ai... certainement,... certainement... très envie... de leur montrer... qu'il n'y a pas de danger... Mais je crains que... maman ne soit pas contente,... ne permette pas...

M. DE RUGÈS, *impatienté*. — Sac à papier! mon garçon, tu n'as pas besoin de la permission de ta maman, puisque je te la donne, moi. Voyons, finissons et mettons-nous en route. Viens-tu avec nous, Traypi? ajouta-t-il en se retournant vers son beau-frère, qui consentit en souriant.

Les enfants, qui étaient restés à la porte de la chambre, étaient un peu inquiets.

« Mon oncle, dit Camille à M. de Rugès, ne trouvez-vous pas que c'est imprudent à Léon d'entrer dans cet arbre ? »

M. DE RUGÈS. — Chère petite, ton oncle de Traypi et moi nous avons entendu toute votre conversation, et c'est pour punir Léon de ses rodomontades et de sa poltronnerie que je le pousse à cet acte de courage, qu'il n'exécutera pas et que je ne laisserai pas s'exécuter. Il va être assez puni par la peur qu'il aura pendant toute la promenade. Le voici qui descend avec sa casquette ; vois comme il est pâle !

CAMILLE. — Oh ! mon oncle, il me fait pitié ; pauvre garçon, comme il tremble en descendant l'escalier ! Permettez-moi de le rassurer en lui disant que vous ne le laisserez pas entrer dans l'arbre.

M. DE RUGÈS. — Non, non, Camille ; laisse-moi lui donner cette leçon, dont il a grand besoin je t'assure. Je te permets seulement de rassurer les autres. Dis-leur que je ne le laisserai pas s'exposer à un pareil danger.

On se mit en route assez tristement ; tous les enfants avaient le sentiment du danger qu'allait courir le malheureux Léon, et tous s'étonnaient que M. de Rugès lui permît de s'y exposer. Camille alla de l'un à l'autre ; à mesure qu'elle leur parlait, leur tristesse faisait place au sourire ; les visages reprenaient leur gaieté ; ils causaient bas et riaient ; ils regardaient Léon d'un air malicieux ; tous étaient contents de cette punition infligée à son mauvais caractère et à son manque de courage. Léon, qui n'était pas dans le secret, croyait marcher à la mort et restait en arrière comme pour éloigner le terrible moment ; il allait tristement, la tête basse, le visage pâle ; il répondait par monosyllabes aux compliments ironiques qu'on lui adressait sur sa bravoure. Quand il aperçut de loin le chêne qui pouvait être son tombeau, sa frayeur redoubla, et, ne pouvant plus feindre un courage qu'il n'avait pas, il s'esquiva adroitement et se sauva par un sentier qui donnait dans le chemin, pendant que les autres continuaient leur route. M. de Rugès avait bien vu la manœuvre de Léon et le dit tout bas à M. de Traypi.

« Que faire maintenant ? Je ne sais plus comment nous nous tirerons de là. »

M. DE TRAYPI. — Fais semblant de le chercher ; tu le trouveras, tu lui feras honte de sa poltronnerie ; et, quand tu l'auras décidé à grimper sur l'arbre, je l'arrêterai en te disant que le danger de Sophie a été très réel et très grand.

On arrivait au pied de l'arbre ; les enfants commençaient à s'apercevoir de la disparition de Léon, lorsqu'on entendit un cri de terreur sortir du buisson où il était caché. MM. de Rugès et de Traypi s'apprêtaient à courir de ce côté, lorsqu'ils virent sortir précipitamment du sentier Léon criant au voleur et suivi par un homme misérablement vêtu qui tenait un bâton à la main.

L'homme, les apercevant, alla vers eux et salua en ôtant son vieux chapeau.

« Qu'y a-t-il ? dit M. de Rugès ; qui êtes-vous ? qu'est-il arrivé à mon fils ? »

L'HOMME. — Je ne saurai vous dire, monsieur, pourquoi le jeune monsieur a été si effrayé. Tout ce que je sais, c'est que j'allais au village de Fleurville, qui est dans ces environs, m'a-t-on dit ; que, me sentant fatigué, je m'étais endormi au pied d'un arbre, et qu'en m'éveillant j'ai vu, à trois pas de moi, ce petit monsieur blotti près d'un buisson ; il ne me voyait pas et il ne voyait pas venir non plus une grosse vipère qui touchait presque à son pied. Je n'avais pas le temps de le prévenir : au premier mouvement la vipère l'aurait piqué ; je ne fis ni une ni deux : je m'élançai sur lui, je l'enlevai dans mes bras avant que la vipère eût fait son coup, et je le posai dans le sentier; il poussa un cri tout comme s'il avait été saisi par le diable et il a couru comme si le diable courait après lui.

M. de Rugès comprit très bien que Léon avait cédé à la frayeur. Déjà fort abattu par l'émotion de la dernière heure, il n'avait pas pu résister à la terreur que lui causa cet enlèvement si brusque par un inconnu qu'il avait pris pour un brigand.

Pendant que M. de Rugès et M. de Traypi parlaient à Léon et lui faisaient honte de sa conduite, les enfants examinaient l'inconnu, resté au milieu d'eux. Depuis qu'il avait apparu, Sophie le regardait avec une surprise mêlée d'émotion; elle cherchait à recueillir ses souvenirs; il lui semblait avoir déjà vu ce visage brûlé par le soleil, cette figure franche et honnête; il lui semblait avoir entendu cette voix. L'homme, de son côté, après avoir regardé successivement les enfants, avait arrêté ses yeux sur Sophie; l'étonnement se peignit sur son visage et fit place à l'émotion.

« Mam'selle, dit-il enfin d'une voix un peu tremblante; pardon, mam'selle; mais n'êtes-vous pas mam'selle Sophie de Réan? »

— Oui, répondit Sophie, c'est moi; je suis Sophie... Je crois aussi vous reconnaître, ajouta-t-elle en passant la main sur son front... Mais... il y a si... longtemps,... si... longtemps... N'êtes-vous pas... le *Normand*? ajouta-t-elle vivement. Oui, je me souviens,... le *Normand*.

L'HOMME. — C'est bien moi, mam'selle. Et comment avez-vous échappé au naufrage? Je vous croyais perdue avec votre papa.

SOPHIE, *avec attendrissement*. — Papa m'a sauvée, je ne sais plus comment. Je ne sais pas non plus ce qu'est devenu mon pauvre cousin Paul qui était resté près du capitaine.

L'HOMME. — Oh! mam'selle de Réan, que je suis donc

heureux de vous retrouver! Qui est-ce qui m'aurait dit que
cette petite mam'selle Sophie, que je croyais au fond de la
mer, était pleine de vie et de santé dans mon beau pays, dans
ma chère Normandie?

Les enfants étaient restés stupéfaits de cette reconnaissance
de Sophie et de l'inconnu. Aucun d'eux ne savait son naufrage. Ils ne comprenaient pas non plus pourquoi cet homme
l'appelait Mlle de Réan. Ils ne la connaissaient que sous le
nom de Fichini.

Léon paraissait très honteux de ce qui s'était passé. Il osait à
peine lever les yeux sur son père, qui le regardait d'un air
froid et mécontent. Il fut donc très satisfait de voir l'attention générale se reporter sur Sophie et sur l'inconnu. Sophie
continua à interroger celui qu'elle appelait le *Normand*.

SOPHIE. — Vous ne me dites pas ce qu'est devenu mon
pauvre Paul; a-t-il péri avec le vaisseau?

L'HOMME. — Non, mam'selle de Réan. Quand le commandant vit que les chaloupes s'étaient éloignées, que beaucoup
de monde avait péri, qu'il ne restait plus personne sur le
bâtiment, il me gronda de ne pas m'être sauvé avec les
autres. Je lui dis que je ne quitterais ni mon commandant ni
mon bâtiment. Il me serra la main, regarda d'un air attendri
votre petit cousin qui pleurait tout bas et se tenait collé
contre lui. « A notre tour, mon Normand, me dit-il. Tâchons
de nous tirer de là; le bâtiment n'en a pas pour une heure. »
Alors nous tînmes conseil; ce ne fut pas long: en dix minutes nous avions fait un radeau; nous portâmes dessus tout ce
que je pus ramasser de biscuit, d'eau fraîche et de provisions; le commandant avait sa boussole, une hache passée à
la ceinture. Nous mîmes à l'eau le radeau. Le commandant
sauta dessus avec M. Paul dans ses bras; je coupai la corde
qui l'attachait au vaisseau; il pouvait s'engloutir d'un moment à l'autre. J'avais mis des rames sur le radeau, et je me

mis à ramer. Le commandant essuya une larme qui lui troublait la vue depuis qu'il avait abandonné le bâtiment. Il regarda autour de nous : on n'y reconnaissait rien; il examina les étoiles qui commençaient à briller, et parut content. « Nous ne sommes pas loin de terre, dit-il. Rame bien, mon Normand, mais pas trop fort, pour ne pas te fatiguer. Quand tu seras las, je te relèverai de faction. »

SOPHIE. — Mais Paul, mon pauvre Paul, que faisait-il? que disait-il?

L'HOMME. — Ma foi, mam'selle, je n'y faisais pas grande attention, faut dire; je crois bien qu'il pleurait toujours. Le commandant le caressa, lui dit de rester bien tranquille, qu'il ne l'abandonnerait pas, qu'il fallait tâcher de dormir. Moi, je ramais avec le commandant, et nous ramâmes si bien, que vers le jour le commandant cria : *Terre!* Je sautai sur mes pieds, et je vis que nous approchions de ce qui me parut être une île. Nous abordâmes et nous trouvâmes un joli pays vert et boisé; et c'est comme cela que le bon Dieu nous a sauvés.

SOPHIE. — Mais Paul n'est donc pas mort? Où est-il? Qu'est-il devenu?

L'HOMME. — Voilà ce que je ne puis vous dire, mam'selle. Les sauvages nous prirent et nous emmenèrent. Plus tard ils emmenèrent le commandant et M. Paul d'un côté, et moi de l'autre. Je leur ai échappé, et j'ai bien cherché mon brave commandant, mais je n'en ai pas retrouvé de trace. Je ne sais ce que ces diables rouges en ont fait. Pour moi, je me suis sauvé; j'ai vécu quatre ans dans les bois; j'ai enfin été ramassé par un vaisseau anglais. Ces brigands m'ont ballotté pendant six mois avant de me mettre à terre; ils m'ont enfin débarqué au Havre, et je suis revenu au pays pour y chercher ma femme et mon enfant; je ne les ai plus retrouvés, et je continue à battre le pays pour tomber sur leur piste.

« Pauvre Paul! » dit Sophie en s'essuyant les yeux.

MM. de Rugès et de Traypi avaient écouté avec un grand intérêt le court récit du *Normand*. Pendant que ces messieurs l'interrogeaient sur ses aventures, les enfants entourèrent Sophie.

MARGUERITE. — Tu as donc fait naufrage?

MADELEINE. — Ta maman et ton papa se sont noyés? Comment, toi, as-tu été recueillie?

JACQUES. — Qui est ce Paul dont tu parles?

CAMILLE. — Comment ne nous as-tu jamais parlé de cela?

LÉON. — Pourquoi cet homme t'appelle-t-il Mlle de Réan?

JEAN. — Je ne savais pas que tu eusses été si malheureuse, ma pauvre Sophie.

Ils parlaient tous à la fois; Sophie répondit à tous ensemble.

SOPHIE. — Oui, j'ai été très malheureuse. Je n'en ai jamais parlé parce que papa et ma belle-mère m'avaient défendu de jamais leur rappeler le passé. J'ai fini par n'y plus penser moi-même et par l'oublier. J'avais à peine quatre ans quand tout cela est arrivé.

JEAN. — Pourquoi le *Normand* t'appelle-t-il mademoiselle de Réan?

SOPHIE. — Parce que c'était mon nom quand je suis née.

MARGUERITE. — Comment, quand tu es née? Et comment as-tu pu changer de nom depuis?

CAMILLE. — Attendez! Je me souviens, en effet, que lorsque nous étions petites, nous allions chez toi; tu avais ton papa et ta maman qui s'appelaient M. et Mme de Réan; et puis un oncle et une tante, M. et Mme d'Aubert; le petit Paul d'Aubert était ton cousin.

SOPHIE. — Précisément et, après trois ans d'absence, je suis revenue avec ma belle-mère, Mme Fichini, et j'ai retrouvé

Marguerite, que je ne connaissais pas et qui demeurait chez vous.

JACQUES. — Mais pourquoi t'appelles-tu Fichini?

SOPHIE. — Je ne sais pas bien; je crois que papa a été en Amérique pour voir un ami d'enfance, M. Fichini, qui lui a laissé une grande fortune à la condition qu'il prendrait son nom.

JACQUES. — C'est bien laid, Fichini; j'aime bien mieux de Réan.

SOPHIE. — Mais qu'est devenu mon pauvre Paul? D'après ce que m'a dit le *Normand,* il est possible qu'il vive encore.

LÉON. — C'est impossible; depuis cinq ans!

JEAN. — Ce n'est pas du tout impossible, puisque le *Normand* est revenu.

LÉON. — Le *Normand* n'est pas un enfant.

JEAN. — Mais Paul était avec le commandant.

« Mes enfants, dit M. de Rugès, s'approchant d'eux très ému, rentrons à la maison. Ne parlez pas à Mme de Rosbourg de la rencontre que nous avons faite de ce brave homme. Je la préparerai à le voir. »

CAMILLE. — Pourquoi cela, mon oncle? Est-ce qu'il connaît Mme de Rosbourg?

M. DE TRAYPI. — Cet homme n'est autre que LECOMTE, matelot à bord de la *Sibylle* avec le commandant de Rosbourg et...

— Avec mon pauvre papa! s'écria Marguerite. Oh! laissez-moi lui parler, lui demander des détails sur papa!

Le *Normand* s'approcha à un signe de M. de Traypi.

« Voici, lui dit-il, la fille de votre commandant. »

— La fille de mon commandant, de mon cher, vénéré commandant! s'écria le *Normand.*

Et, saisissant Marguerite, il lui donna trois ou quatre gros baisers avant qu'elle eût le temps de se reconnaître.

« Pardon, mam'selle, dit-il en la posant à terre. C'est le premier mouvement, ça ; je n'en ai pas été maître. Mon pauvre commandant ! Si je pouvais lui donner ma place ! Serait-il heureux d'avoir une si gentille demoiselle ! »

— Vous aimiez donc bien mon pauvre papa ? lui dit Marguerite en essuyant ses yeux pleins de larmes.

LECOMTE. — Si je l'aimais ! si je l'aimais ! Ah ! mam'selle, j'aurais donné mon sang, ma vie, pour mon brave commandant ! Et de penser que le bon Dieu l'avait sauvé, et que sans ces gredins de sauvages !...

— M. de Rugès a dit tout à l'heure que vous vous nommiez Lecomte, dit Marguerite, et vous-même vous disiez que vous cherchiez votre femme et votre enfant. N'avez-vous pas une fille qui s'appelle Lucie ?

LECOMTE. — Oui, mam'selle ; Lucie, qui doit avoir quatorze à quinze ans à présent. Est-ce que vous la connaîtriez par hasard ?

MADELEINE. — Mais alors elles sont ici, dans le village ; ce sont elles qui demeurent dans la maison blanche.

À cette nouvelle inattendue, le *Normand* sembla fou de joie.

« Mon brave Lecomte, remettez-vous, soyez raisonnable, lui dit M. de Rugès. Si vous arrivez devant votre femme et devant Lucie sans qu'elles y soient préparées, le saisissement peut les tuer. Songez que depuis cinq ans que dure votre absence, elles vous croient mort, et qu'il faut les préparer tout doucement à vous revoir. »

LECOMTE. — C'est vrai, monsieur, c'est vrai ! Je suis fou, je suis bête, je n'ai plus ma tête. Mais quel bonheur, quel bonheur ! Que Dieu est bon et comme il récompense bien ma patience ! Depuis cinq ans je lui demande matin et soir de me

faire retrouver ma femme et ma fille. Et voilà qu'en un jour
je les retrouve, avec la fille de mon commandant, et puis
cette pauvre mam'selle de Réan... N'allons-nous pas nous
mettre en route, messieurs et mesdemoiselles? C'est que,
voyez-vous, quand on a été cinq ans à demander les siens au
bon Dieu et qu'on les sent si près, on ne tient plus en place.
Je marcherais, je courrais comme un cerf! Il me semble que
je ferais six lieues à l'heure!

« Partons », répondirent ensemble MM. de Rugès, de Traypi
et tous les enfants.

Camille et Madeleine racontaient à leurs cousins, tout en
marchant, comment elles avaient trouvé dans cette même
forêt du moulin une petite fille désolée, parce que sa maman
était malade et mourait de faim; comment Mme de Rosbourg
les avait secourues et établies dans la maison blanche du
village, quand elle avait appris que le mari de cette femme,
qui s'appelait *Lecomte,* avait été embarqué sur le bâtiment
de M. de Rosbourg, et comment Lucie, qui était une excellente fille, travaillait pour faire vivre sa mère, que le chagrin
avait affaiblie au point de la rendre incapable d'aucun travail suivi : elle filait et faisait du linge chez elle pendant que
Lucie allait en journées pour coudre, repasser, savonner.

Quand on fut arrivé à l'entrée du village, à cent pas de la
maison blanche, MM. de Rugès et de Traypi forcèrent Lecomte à s'arrêter; les enfants restèrent près de lui pour le
distraire et le retenir, pendant que ces messieurs allaient
préparer sa femme au retour de son mari.

Lecomte attendait avec anxiété le retour de ces messieurs; il
répondait à peine aux questions des enfants, lorsqu'une
jeune fille de quatorze à quinze ans se trouva près d'eux; elle
venait d'un chemin creux bordé d'une haie qui aboutissait à
celui où attendaient Lecomte et les enfants.

« Lucie », s'écria Marguerite.

— Lucie, quelle Lucie? demanda d'une voix basse et

Lecomte attendait plein d'anxiété.

tremblante le pauvre Lecomte, qui croyait reconnaître sa fille et dont le visage était d'une pâleur effrayante.

— Bonjour mesdemoiselles, bonjour messieurs, dit Lucie faisant une révérence et les regardant tous avec surprise. Mon Dieu! qu'avez-vous donc? ajouta-t-elle. Serait-il arrivé un malheur? Vous avez tous l'air si effrayé que cela me fait peur.

Camille fut la première à se remettre.

« Non, Lucie, il n'est rien arrivé de malheureux; ne t'effraye pas », lui dit-elle.

— Mais pourquoi donc restez-vous tous sans me parler, avec un air tout drôle? *(Apercevant Lecomte :)* Ah! vous avez un étranger avec vous? N'aurait-il pas besoin d'un verre de cidre et d'une croûte de pain? Est-ce cela qui vous embarrasse?

— Lucie! s'écria Lecomte d'une voix étranglée par l'émotion.

Lucie tressaillit, regarda l'étranger avec surprise; elle rougit, pâlit.

« Non, dit-elle, ce n'est pas possible... Je crois reconnaître... Mais non, non... ce ne peut être... Serait-ce?... »

— Ton père! s'écria Lecomte en s'élançant vers elle et la saisissant dans ses bras.

— Mon père! mon père! répéta Lucie en se jetant à son cou. O mon père, quelle joie! quel bonheur! Mon père, mon cher, mon bien-aimé père!

Lucie versait des larmes de bonheur; Lecomte pleurait en couvrant sa fille de baisers. Les enfants regardaient cette scène avec attendrissement. Lecomte ne pouvait se lasser de regarder, d'embrasser son enfant que six années d'absence lui avaient rendue plus chère encore. Lucie était fort grandie et embellie, mais il lui trouvait le même visage.

« Je t'aurais reconnue entre mille, lui dit-il. Et moi, comment as-tu pu me reconnaître! »

LUCIE. — Mon bon père, vous n'êtes pas bien changé non plus. J'ai tant et si souvent pensé à vous! C'est comme si vous étiez parti de la veille.

Se souvenant tout à coup de sa mère :
« Ah! ma pauvre mère! Ne voilà-t-il pas que je l'oublie dans mon bonheur de vous revoir! Vite, que je coure lui dire... »
Et Lucie allait s'élancer vers la maison blanche, mais son père lui saisit le bras, et la retenant fortement :
« Tu vas la tuer en lui apprenant mon retour sans ménagement. Ces messieurs y sont; va voir si c'est bientôt fait et quand il me sera permis de serrer contre mon cœur ta mère, ma Lucie, ma chère femme. »
Lucie promit à son père d'être bien raisonnable, bien calme; et, courant de toutes ses forces vers la maison, elle y entra toute haletante, mais si joyeuse, si éclatante de bonheur que sa mère la regarda avec surprise.
« Maman, chère maman, dit Lucie en se jetant à son cou, que je suis contente, que je suis heureuse! »
— Contente? heureuse?... Qu'y a-t-il donc?
Elle regarde avec inquiétude Lucie qui ne peut retenir ses larmes, puis MM. de Rugès et de Traypi.
« Heureuse! et tu pleures? et ces messieurs me parlaient tout à l'heure de bonheur, de retour,... de... Ah! je crois comprendre! On a des nouvelles!... des nouvelles... de ton père! »
Lucie ne répondit pas; elle embrassait sa mère, riait, pleurait.

MADAME LECOMTE. — Mais réponds, réponds donc... Messieurs, par pitié, dites-moi... Lucie, parle! Ton père?...

— Est près de toi, ma femme, ma Françoise! s'écria Lecomte qui avait suivi Lucie.
Il s'était approché de la porte restée ouverte, il avait tout

entendu, et, n'ayant pu contenir son impatience, il s'était
élancé vers sa femme quand il la crut suffisamment préparée
à le revoir. Il la saisit dans ses bras et poussa un cri d'effroi
en la voyant pâle et inanimée.

Lucie faisait sentir du vinaigre à sa mère, M. de Rugès la fit
étendre par terre et lui jeta quelques gouttes d'eau au visage.
Lecomte, à genoux près d'elle, soutenait sa tête dans ses
mains; Lucie, à genoux de l'autre côté, frottait de vinaigre
les tempes de sa mère et en mouillait ses lèvres.

Peu d'instants après, Françoise ouvrit les yeux, regarda Lucie, lui sourit, puis, se sentant soutenue du côté opposé, elle
tourna la tête, regarda son mari, et, faisant un effort pour se
soulever, se jeta à son cou et sanglota.

« Elle pleure, il n'y a plus de danger, dit M. de Rugès. Nous
sommes inutiles maintenant. Laissons-les à leur bonheur; la
présence d'étrangers ne pourrait que les gêner. » Et, sans
faire leurs adieux, ils sortirent de la maison blanche, fermant
la porte après eux et emmenant les enfants qui s'étaient
groupés à l'entrée pour voir la scène de reconnaissance.

On parla peu au retour; chacun était touché et attendri du
bonheur de ces braves gens. Les événements si inattendus de
la journée avaient vivement impressionné les enfants; la
rencontre de Lecomte avait presque fait oublier la vanterie et
la poltronnerie de Léon. Sophie cherchait à rappeler ses
souvenirs pour les raconter à ses amis : son naufrage, la
perte de sa mère, de son oncle et de sa tante, de son cousin
Paul qu'elle aimait comme un frère, les dangers qu'elle avait
courus, le second mariage de son père, suivi de si près de la
mort de ce dernier protecteur de son enfance, les mauvais
traitements de sa belle-mère, tous ces événements se repré-
sentèrent si vivement à son souvenir, qu'elle ne comprit pas
comment elle avait pu les oublier et n'avait jamais éprouvé le
désir d'en parler.

En approchant du château, MM. de Rugès et de Traypi

recommandèrent encore aux enfants de ne pas parler à Mme de Rosbourg du retour de Lecomte, avant qu'ils le lui eussent appris eux-mêmes avec ménagement, de crainte du saisissement que pouvait occasionner cette espérance.

« Car, dit M. de Traypi, il est très possible que M. de Rosbourg et Paul aient pu s'échapper de leur côté, comme l'a fait Lecomte. D'après le peu qu'il m'a raconté, les sauvages qui les ont pris ne sont pas féroces, et ils sont heureux de pouvoir enlever des Européens qui leur apprennent beaucoup de choses utiles à leur vie sauvage. » Les enfants promirent de ne rien dire qui pût attrister ou émouvoir Mme de Rosbourg, et ils rentrèrent chez eux, Léon heureux d'échapper aux reproches de son père, tous les autres fort préoccupés des espérances que devait éveiller le retour de Lecomte.

le naufrage de sophie

Quand les enfants purent se trouver seuls, ils demandèrent à Sophie de leur raconter son naufrage.

« Allons, dit Jacques, dans notre cabane ; nous y serons bien tranquilles, personne ne nous dérangera, et nous ne craindrons pas que Mme de Rosbourg nous entende. »

Les enfants trouvèrent l'idée bonne et coururent tous à leur petit jardin. Jacques, qui avait couru plus fort que les autres, les reçut à la porte de sa cabane ; chacun se plaça de son mieux, les uns sur les chaises et les tabourets, les autres sur la table et par terre. On avait installé Sophie dans un fauteuil, et elle commença au milieu d'un grand silence :

« J'étais bien petite, car j'avais à peine quatre ans, et j'avais tout oublié ; mais, à force de chercher à me rappeler, je me suis souvenue de bien des choses, et entre autres de la visite d'adieu que je vous ai faite avec mon pauvre petit cousin Paul, maman et ma tante d'Aubert. »

CAMILLE. — Ton papa était parti, je crois ?

SOPHIE. — Il nous attendait à Paris. J'étais contente de partir, de voyager. Maman me dit que nous monterions sur un navire. Je n'en avais jamais vu, ni Paul non plus. Puis, j'aimais beaucoup Paul, et j'étais bien, bien contente de ne pas le quitter. Je ne me rappelle pas ce que nous avons fait à Paris ; je crois que nous n'y sommes restés que quelques jours. Puis nous avons voyagé en chemin de fer ; nous avons couché dans un hôtel à Rouen, je crois, et nous sommes arrivés le lendemain dans une grande ville qui était pleine de perroquets, de singes. J'ai demandé à maman de m'en acheter un ; elle n'a pas voulu.

» Je ne me rappelle pas trop ce qui arriva sur le vaisseau ; je me souviens seulement d'un excellent capitaine, qui était, à ce qu'il paraît, ton papa, Marguerite; il était très bon pour moi et pour Paul aussi; il nous disait qu'il nous aimait beaucoup, et que nous devrions bien rester avec lui et le prendre pour notre papa. Il y avait aussi ce matelot que j'ai reconnu, et qu'on appelait le *Normand;* je ne savais pas du tout que son nom fût Lecomte. Tout le monde l'appelait le *Normand.* Le voyage dura très longtemps. Quand il pleuvait, c'était ennuyeux, parce qu'on était obligé de rester dans des cabines basses et étouffantes; mais, quand il faisait beau, nous allions sur le pont, Paul et moi.

» Depuis deux jours il faisait un vent terrible; tout le monde avait l'air inquiet; ni le capitaine ni le *Normand* ne s'occupaient plus de Paul ni de moi; maman me tenait près d'elle; ma tante d'Aubert gardait aussi Paul, quand tout à coup j'entendis un craquement affreux, et en même temps il y eut une secousse si forte, que nous tombâmes tous à la renverse. Puis j'entendis des cris horribles; on courait, on criait, on se jetait à genoux. Papa et mon oncle coururent sur le pont, maman et ma tante les suivirent. Paul et moi, nous eûmes peur de rester seuls et nous montâmes aussi sur le pont. Paul aperçut le capitaine et s'accrocha à ses habits; je me souviens que le capitaine avait l'air très agité; il donnait des ordres. J'entendis qu'on criait : *Les chaloupes à la mer!* Le capitaine nous vit. Il me saisit dans ses bras, m'embrassa et me dit : « Pauvre petite, va avec ta maman. » Puis il embrassa Paul et voulut le renvoyer. Mais Paul ne voulait pas le lâcher. « Je veux rester avec vous, criait-il; laissez-moi près de vous. »

» Je ne sais plus ce qui arriva. Je sais seulement que papa vint me prendre dans ses bras et qu'il cria : « Arrêtez! arrêtez! la voici, je l'ai trouvée. » Il courait et il voulut sauter avec moi dans une chaloupe où étaient maman, ma tante et mon oncle, mais il n'en eut pas le temps : la chaloupe partit. Je criais : « Maman, maman, attendez-nous ! » Papa restait là sans dire un mot. Il était si pâle que j'eus peur de lui. Je n'ai pas oublié les cris de ma pauvre maman et de ma tante d'Aubert quand la chaloupe est partie. J'entendais crier : « Sophie ! Paul ! mon enfant ! mon mari ! » Mais cela ne dura pas longtemps, car tout d'un coup une grosse vague vint les couvrir. J'entendis un affreux cri, puis je ne vis plus rien. Maman était disparue ; tous avaient été engloutis par la vague. Cette nuit, je me suis souvenue de tout cela.

JEAN. — Pauvre Sophie ! Comment as-tu pu te sauver ?

SOPHIE. — Je ne sais pas du tout comment a fait papa ; le capitaine lui a parlé ; ils ont embrassé Paul tous les deux ; le capitaine a dit : « Je vous le jure ! » puis le *Normand* a aidé papa à descendre avec moi dans un énorme baquet qui était sur la mer. J'appelais Paul et je pleurais ; je voyais mon pauvre Paul qui pleurait aussi, et le capitaine qui le tenait dans ses bras et l'embrassait. Puis les vagues nous ont entraînés. Je me suis endormie et je ne me souviens plus bien de ce qui est arrivé. Papa me donnait de l'eau qu'il avait dans un petit tonneau, et du biscuit ; je dormais, car je m'ennuyais beaucoup. Papa pleurait ou restait triste et pâle, sans parler. Un jour, je me suis trouvée, je ne sais pas comment, sur un autre vaisseau. Papa a été malade ; je m'ennuyais, j'étais triste de ne pas voir maman et mon cher Paul. Depuis, papa m'a dit que ce pauvre Paul avait été noyé avec le capitaine et le *Normand,* parce qu'ils étaient restés sur le vaisseau, qui s'était perdu en se cognant contre un rocher. D'après ce que nous a dit le *Normand,* j'espère que Paul et le bon capitaine se sont sauvés comme papa et moi.

Sophie pleurait en terminant l'histoire de son naufrage ; tous ses amis pleuraient aussi.

LÉON. — Mais tout cela ne nous explique pas pourquoi tu t'appelles FICHINI au lieu de RÉAN.

SOPHIE. — J'ai oublié beaucoup de choses, parce que papa m'a défendu de jamais lui parler de ce naufrage, de ma pauvre maman, et de lui faire aucune question sur son mariage avec ma belle-mère. Mais, en rappelant mes souvenirs, voici ce que j'ai trouvé : Quand nous sommes arrivés en Amérique, où nous allions, nous avons été demeurer chez un ami de papa, M. Fichini, qui était mort; mais j'ai entendu parler devant moi d'un testament par lequel il laissait à papa et à ma tante d'Aubert toute sa fortune, à condition qu'il prendrait son nom et qu'il garderait chez lui et n'abandonnerait jamais une orpheline que M. Fichini avait élevée. Papa était si triste qu'il ne s'occupait pas beaucoup de moi. Cette orpheline, qui s'appelait Mlle Fédora, soignait beaucoup papa et me témoignait aussi beaucoup d'amitié. Quelque temps après, papa l'a épousée, et alors elle a changé tout à fait de manières; elle avait des colères contre papa qui la regardait de son air triste, et s'en allait. Avec moi elle était aussi toute changée; elle me grondait, me battait. Un jour, je me suis sauvée près de papa; j'avais les bras, le cou et le dos tout rouges des coups de verges qu'elle m'avait donnés. Jamais je n'oublierai le visage terrible de papa quand je lui dis que c'était ma belle-mère qui m'avait battue. Il sauta de dessus sa chaise, saisit une cravache qui était sur la table, courut chez ma belle-mère, la saisit par le bras, la jeta par terre et lui donna tant de coups de cravache qu'elle hurlait plutôt qu'elle ne criait. Elle avait beau se débattre, il la maintenait avec une telle force d'une main pendant qu'il la battait de l'autre, qu'elle ne pouvait lui échapper. Quand il la laissa relever, elle avait un air si méchant qu'elle me fit peur. « Tous les coups que vous m'avez donnés, s'écria-t-elle, je les rendrai à votre fille. »

» — Chaque fois que vous oserez la toucher pour la maltraiter, je vous cravacherai comme je l'ai fait aujourd'hui, madame, répondit papa.

» Il sortit, m'emmenant avec lui. Quand il fut dans sa chambre, il me prit dans ses bras, me couvrit de baisers, pleura beaucoup.

» Mais, ajouta Sophie en pleurant, dans la nuit, il fut pris d'un vomissement de sang, à ce que m'ont dit les domestiques, et il mourut le lendemain, me tenant dans ses bras et me demandant pardon.

» Depuis ce malheureux jour, continua Sophie après quelques minutes d'interruption et de larmes, vous ne pouvez vous figurer combien je fus malheureuse. Ma belle-mère tint la promesse qu'elle avait faite à papa, et me battit avec une telle cruauté que tous les jours j'avais de nouvelles écorchures, de nouvelles meurtrissures.

CAMILLE, *l'embrassant*. — Oui, ma pauvre Sophie, deux fois nous avons été témoins de la méchanceté de ta belle-mère, et c'est une des raisons qui nous ont attachées à toi.

JEAN. — Cette méchante femme! Si je la voyais, je l'assommerais! Je suis enchanté que ton papa l'ait si bien cravachée; elle l'avait bien mérité.

SOPHIE. — Oui, mais elle me l'a fait bien payer, je t'assure.

MADELEINE. — Et que faisais-tu toute la journée?

SOPHIE. — Je m'ennuyais; je pleurais souvent. Ce qui m'étonne, c'est que vous ne m'ayez jamais parlé de maman, de papa, ni de Paul.

CAMILLE. — Tu sais que nous ne te voyions pas bien souvent. Nous savions bien que vous étiez tous partis, mais, ne te voyant plus, nous n'y avons plus pensé. Je me souviens qu'une fois maman nous a dit : « Vous allez bientôt revoir votre petite voisine Sophie; elle s'appelle maintenant Fichini au lieu de Réan; mais ne lui parlez jamais ni de son papa ni de sa maman, qui sont morts, ainsi que son cousin, sa tante et son oncle. Elle a une belle-mère avec laquelle elle vit et qui doit nous l'amener un de ces jours. » C'est pourquoi nous ne t'en avons jamais parlé, et j'avoue que je n'y ai même plus pensé, puisque je ne devais pas en parler.

MADELEINE. — Mais toi-même, pourquoi ne nous as-tu jamais raconté tout cela depuis trois ans que nous sommes ensemble ?

SOPHIE. — A force de n'en pas parler, je n'y ai plus pensé, et je l'avais pour ainsi dire oublié. La vue du *Normand* et le peu qu'il m'a raconté ont tout rappelé à ma mémoire ; je me suis souvenue de ce que j'avais si bien oublié. Même tout à l'heure, en vous racontant mon naufrage et le mariage de papa, beaucoup de choses me sont revenues, et à présent je crois voir ce bon capitaine embrassant Paul qui pleurait et lui tenait les mains et le visage pâle et désolé de mon pauvre papa. Je crois entendre les cris de maman et de ma tante quand la chaloupe s'est éloignée et puis quand elle s'est enfoncée dans la vague. Un autre souvenir qui m'est revenu aussi depuis que j'ai vu le *Normand,* c'est la mort de papa et la scène de la veille. C'est singulier qu'on puisse si bien oublier pendant des années ce dont on se souvient si clairement après.

Le récit de Sophie avait été long ; on s'étonnait au salon de leur absence. M. de Rugès avait profité de ce temps pour préparer Mme de Rosbourg à revoir Lecomte et à accueillir l'espoir du retour du commandant de Rosbourg, retour presque miraculeux, sans doute, mais enfin possible, comme celui de Lecomte. Après deux heures de larmes et d'agitation, entremêlées d'espérance et de bonheur, elle pria M. de Rugès de lui amener le lendemain le *Normand* dans son salon particulier ; elle voulait le voir seul, lui parler sans témoins. Quand les enfants rentrèrent, elle vit qu'ils avaient tous pleuré ; elle appela Marguerite, la serra contre son cœur et lui dit :

« Tu sais ?... tu sais que ton cher papa peut revenir encore ?

Viens avec moi, mon enfant; viens à l'église prier Dieu pour ton père et lui demander de nous le rendre. »

SOPHIE. — Me permettez-vous de vous accompagner, madame? Je prierai aussi pour ce bon commandant qui m'aimait et pour mon pauvre Paul!

Mme de Rosbourg ne lui répondit qu'en l'embrassant tendrement et en lui prenant la main pour l'emmener. Tous les enfants demandèrent à joindre leurs prières à celles de Mme de Rosbourg. Mme de Fleurville, qui accompagnait son amie, y consentit, et tous allèrent à l'église prier pour le retour des pauvres naufragés. Au retour, ils trouvèrent M. de Traypi faisant sa malle :

« Je pars pour Paris, dit-il. Je veux aller au Ministère de la Marine; peut-être y apprendrai-je quelque nouvelle. Je leur dirai le retour de Lecomte et la captivité de M. de Rosbourg et du petit Paul. Qui sait, peut-être aurai-je de bonnes nouvelles à vous donner. »

— Que vous êtes bon et que je vous remercie, mon ami! dit Mme de Rosbourg les larmes aux yeux. Le bon Dieu me protège puisqu'il me donne des amis tels que vous. Puisse-t-il me protéger jusqu'à la fin et me rendre mon cher mari!

Le lendemain, de bonne heure, on frappait doucement à la porte de Mme de Rosbourg.

« Entrez », dit-il d'une voix émue.

La porte s'ouvrit; Lecomte entra; il osait à peine lever les yeux sur Mme de Rosbourg, qui, pâle et tremblante, s'avançait pourtant avec rapidité vers lui. Elle voulut lui parler, l'interroger; les larmes lui coupèrent la parole; elle prit les grosses mains rugueuses de Lecomte et les serra dans les siennes.

LECOMTE. — Madame, ma chère dame, je devrais être à vos pieds pour vous remercier de tout ce que vous avez fait pour ma femme et mon enfant!

Tout en parlant, il l'avait respectueusement soutenue et placée sur un fauteuil. Mme de Rosbourg sanglotait. « Pardonnez-moi... cette faiblesse,... dit-elle d'une voix entrecoupée par ses sanglots. La vue de l'ami dévoué, du compagnon de mon mari, m'a ôté tout courage. Mais... je saurai me vaincre,... ayez patience,... quelques minutes encore... et je pourrai vous interroger, savoir de vous quelles doivent être mes craintes, quelles peuvent être mes espérances. »

LECOMTE. — Vous êtes une brave dame, allez; tout à fait digne de lui. Ce pauvre cher homme! Lui aussi, il pleurait en parlant de vous et de sa petite. Il s'en cachait, mais je l'ai vu souvent essuyer ses yeux quand il parlait de vous deux. Ah! c'est qu'il ne lui était pas facile de se cacher de moi. Je l'aimais tant que je ne le perdais jamais de l'œil. Quand ces satanés sauvages m'ont embarqué dans leur satanée barque, je leur en disais des injures, tout garrotté que j'étais. Mon pauvre commandant! Faut-il qu'ils m'aient enlevé sans que j'aie pu seulement couper bras, jambes et têtes pour le délivrer!

Ce discours donna à Mme de Rosbourg le temps de se remettre. Après avoir affectueusement remercié Lecomte de son attachement pour M. de Rosbourg, elle l'interrogea sur tous les détails de leur naufrage, de leur débarquement, de leur capture par les sauvages, de leur séparation, M. de Rosbourg et Paul ayant été gardés par une bande de ces sauvages, tandis que Lecomte se trouvait emmené par une autre bande. Après l'avoir entendu pendant deux heures et avoir causé avec lui des chances probables de l'évasion de M. de Rosbourg, elle conçut l'espoir fondé de l'existence de son mari et de son retour.

« Merci, mon brave Lecomte, lui dit-elle en le congédiant. Jamais je ne pourrai assez vous témoigner ma reconnaissance de l'attachement, du dévouement que vous avez montrés à mon mari. Je suis doublement heureuse d'avoir pu être utile à votre digne femme et à votre excellente Lucie. »

— Pardon, si j'interromps madame, s'écria vivement Lecomte. Utile ! vous appelez cela utile ? Mais vous avez été une providence pour elles ; vous les avez sauvées de la mort, tirées de la misère ; vous les avez soutenues, nourries ; vous avez fait apprendre un état à ma Lucie ; vous avez été leur sauveur et le mien. Oh ! chère dame, à moi, oui, à moi, à vous honorer comme une providence, à vous remercier à genoux.

une nouvelle surprise

M. de Traypi était parti depuis deux jours; on attendait avec impatience son retour, ou tout au moins une lettre de lui. Pendant ces deux jours, Mme de Rosbourg et Marguerite, suivies de toute la bande d'enfants, avaient été matin et soir passer quelques heures à la maison blanche. Mme de Rosbourg avait fait faire un habillement complet à Lecomte et avait donné à Françoise l'argent nécessaire pour le monter en linge, chaussures et vêtements. Elle aimait à voir les visages radieux de Françoise, de Lucie et de Lecomte, depuis leur réunion; elle espérait de la bonté de Dieu pour elle-même un pareil bonheur. Elle ne cessait de questionner Lecomte sur son mari, sur son naufrage, sur ses chances de salut et de retour. Lecomte, heureux de parler de son commandant, racontait sans jamais se lasser et ne permettait pas même à sa femme de l'interrompre. Lucie jouait pendant ce temps avec les enfants, leur montrait à tresser des paniers avec des joncs, à faire des colliers et des bracelets avec des coquilles de noisettes ou des glands évidés et découpés à jour. Ils aidaient Lucie à bêcher et arroser le jardin, à cueillir les fraises, les groseilles, les framboises. Marguerite s'échappait souvent pour dire un mot d'amitié à Lecomte, pour écouter ce qu'il disait de son papa dont elle n'avait aucun souvenir, mais qu'elle aimait à force d'en avoir entendu parler à sa maman. Lecomte baisait les petites mains de Marguerite, quelquefois même il baisait ses belles boucles noires ou ses joues roses et potelées.

« Mon pauvre commandant, disait-il en soupirant, serait-il heureux de vous revoir! »

L'après-midi du troisième jour, Mme de Rosbourg et les

enfants rentraient, après avoir passé deux heures chez Lecomte et Françoise. En approchant du perron, elle crut reconnaître M. de Traypi. Impatiente de savoir s'il lui rapportait des nouvelles de son mari, elle hâta le pas, et, montant rapidement les marches du perron, elle se heurta contre... M. de Rosbourg lui-même. Tous deux poussèrent ensemble un cri de bonheur; Mme de Rosbourg tomba dans les bras de son mari en sanglotant et en remerciant Dieu. Elle ne pouvait croire à son bonheur. Elle embrassait son mari; elle le regardait pour s'assurer que c'était bien lui; son cœur débordait de joie. Après les premiers instants de joyeux saisissement, M. de Rosbourg, sans quitter sa femme, regarda les enfants groupés autour d'eux et chercha à reconnaître sa petite Marguerite; ses yeux s'arrêtèrent sur Sophie.

« Sophie! s'écria-t-il. Je ne me trompe pas : c'est bien Sophie de Réan. Pauvre enfant! comment est-elle ici? Mais, ajouta-t-il, Marguerite! ma petite Marguerite! N'est-ce pas cette petite brune si gentille qui me regarde d'un air tendre et craintif? »

Marguerite, pour toute réponse, se jeta dans les bras de son père qui l'embrassa tant et tant que ses joues en étaient cramoisies.

Quand il eut recommencé cent et cent fois à embrasser sa femme et son enfant, il s'avança vers Sophie, et, la prenant dans ses bras, il l'embrassa deux ou trois fois.

« Pauvre petite! dit-il. Quels affreux souvenirs elle me rappelle! Où est son père? Par quel hasard se trouve-t-elle avec vous? »

— Mon bon commandant, répondit Sophie, je vous expliquerai tout cela. Mon pauvre papa est mort il y a longtemps, ajouta-t-elle en baissant la voix et en essuyant une larme; mais Paul, mon cher Paul, où est-il? Vit-il encore?

M. DE ROSBOURG. — Paul est un grand et beau garçon, ma chère enfant; il est ici; il déballe et range nos affaires.

SOPHIE. — Oh!... que je voudrais le voir, ce cher Paul! Dans quelle chambre est-il, que je coure le chercher?

M. DE ROSBOURG. — Près de celle de ma femme; c'est celle qu'on m'a donnée et où Paul a monté mes effets.

Sophie courut à cette chambre; on entendit des cris de joie, des gambades, des rires et bientôt on vit accourir Sophie entraînant Paul, un peu honteux de se trouver en présence de tous ces visages inconnus.

« Viens, mon garçon, lui cria M. de Rosbourg, ce ne sont pas des sauvages; pas de danger à courir, va! D'ailleurs tu es homme, toi, à aller en avant, jamais en arrière. En avant donc et embrasse tes amis. Voici ma femme d'abord, puis ma petite Marguerite, puis... Ma foi, je ne connais pas les autres, mais, comme nous sommes en pays ami, embrassons-les tous pour faire connaissance; ils diront leur noms après. »

La mêlée fut générale; tout le monde s'embrassait en riant. La belle et aimable figure de M. de Rosbourg avait déjà séduit tous les enfants; l'air déterminé de Paul, sa taille élevée, son apparence vigoureuse, sa figure intelligente et bonne, disposèrent en sa faveur les cœurs des enfants. M. de Rosbourg se retira en riant avec sa femme; Sophie présenta Paul à tous ses amis.

« Voici d'abord Marguerite, la fille de notre bon capitaine; c'est elle qui est la plus jeune et avec laquelle je me suis le plus amusée et disputée; nous te raconterons tout cela. Voici mes chères amies Camille et Madeleine, si bonnes, si bonnes, qu'on les appelle les petites filles modèles. Voici notre petit ami Jacques de Traypi, un petit malin, mais bien bon. Voici Jean de Rugès, qui a douze ans comme toi et qui fera la paire avec toi pour le courage et la bonté. Voici enfin son frère, qui s'appelle Léon et qui est notre aîné à tous; il a treize ans. »

Paul ne tarda pas à se mettre à l'aise avec ses nouveaux amis. Sophie l'accablait de questions sur ce qui lui était arrivé; il promit de tout raconter quand on serait un peu plus posé. Il parla de M. de Rosbourg avec une tendresse et une reconnaissance qui touchèrent Marguerite jusqu'aux larmes.

MARGUERITE. — Comme vous aimez papa, monsieur Paul! Alors je vous aimerai bien aussi.

PAUL. — Si vous m'aimez, Marguerite, vous m'appellerez Paul tout court et pas monsieur.

MARGUERITE. — Oh! je ne demande pas mieux, et, quand nous nous connaîtrons bien, demain par exemple, nous nous tutoierons : c'est si gênant de dire *vous!*

PAUL. — Tout de suite, si tu veux, Marguerite; d'abord je te connais beaucoup, car ton papa me parlait souvent de toi.

MARGUERITE. — Et Sophie ne m'a jamais parlé de toi.

PAUL. — Comment, Sophie, tu m'avais oublié?

SOPHIE, *tristement*. — Oublié, non, mais tu dormais dans mon cœur et je n'osais pas te réveiller. Je t'avais cru mort, et puis j'ai été si malheureuse que je suis devenue égoïste et je n'ai pensé qu'à moi; j'ai perdu l'habitude de penser au passé et à ceux qui m'avaient aimée.

JEAN. — Ne croyez pas ce qu'elle dit, Paul; Sophie est bonne, et très bonne; elle dit toujours du mal d'elle-même. Pauvre Sophie, elle vous racontera ses trois années de malheur.

Jacques s'avança vers Paul, et, se mettant sur la pointe des pieds pour l'embrasser, il lui dit :

« Je vois dans tes yeux que tu seras mon ami; tu aimeras bien ma petite amie Marguerite, n'est-ce pas? Nous la protégerons à nous deux quand elle en aura besoin. »

Paul embrassa Jacques en souriant et lui promit d'être son ami dévoué et celui de Marguerite.

Léon ne disait rien; il semblait piqué de ce que Sophie n'avait ajouté aucune réflexion aimable en le nommant. Il se laissa pourtant embrasser par Paul. Camille et Madeleine souriaient et attendaient, pour faire plus ample connaissance avec ce dernier, que le temps eût augmenté leur intimité.

Bientôt on entendit sonner le dîner; chacun s'apprêta à se rendre au salon. Mme de Rosbourg y entra radieuse, appuyée sur le bras de son mari qui tenait sa petite Marguerite par la main.

La joie, le bonheur étaient sur tous les visages; Sophie et Paul avait mille choses à se demander. Sophie parla tant et tant, qu'à la fin de la journée elle lui avait raconté tous les événements importants de sa vie depuis leur séparation.

Les enfants firent promettre à Paul de leur raconter à tous ensemble ce qui lui était arrivé depuis le naufrage. M. de Rosbourg fit la même promesse à ces dames et à ces messieurs.

SOPHIE. — Mais dis-moi, Paul, comment et avec qui es-tu arrivé ici, à Fleurville?

PAUL. — Avec M. de Traypi, que le commandant a trouvé au Ministère comme il arrivait lui-même pour annoncer son retour et expliquer sa longue absence. Nous étions à Paris depuis une demi-heure, le commandant très impatient de revoir sa femme et Marguerite, qu'il ne savait trop où chercher ni où trouver, et moi très tranquille, parce que je n'imaginais pas que tu fusses en vie et encore moins ici. Je croyais que tu avais dû périr avec ton papa, dans cette vilaine caisse où l'on t'avait mise par une tempête si affreuse et avec des vagues hautes comme des maisons.

SOPHIE. — Je t'avais cru mort aussi. C'est par le *Normand* que je t'ai su vivant et chez les sauvages.

PAUL. — Le *Normand!* Tu as vu le *Normand?* Quand? Où cela? Où est-il? Que j'embrasse ce brave homme si bon, si dévoué ! Nous l'avons bien regretté, et nous pensions que les sauvages l'avaient tué.

SOPHIE. — Il y a trois jours seulement que le *Normand* est revenu, après s'être échappé de chez les sauvages et après vous avoir cherchés et attendus pendant quatre ans. Nous l'avons rencontré, par hasard, dans la forêt.

PAUL. — Brave homme ! Que je serai content de le revoir !

MARGUERITE. — Nous irons le voir demain et nous lui annoncerons le retour de papa ; il en sera aussi heureux que nous, car il l'aime !... il l'aime ! autant que maman et moi.

JACQUES. — Et après tu nous raconteras tes aventures. Tu es resté cinq ans chez les sauvages ?

PAUL. — Tu le sauras demain, et bien d'autres choses encore. Il est trop tard pour commencer.

— Mes enfants, dit Mme de Fleurville, il est tard ; votre nouvel ami Paul doit être fatigué...

M. DE ROSBOURG, *interrompant*. — Paul fatigué ! Il en a fait bien d'autres avec moi ! Nous avons passé des nuits et des jours à travailler, à marcher, à veiller. Il est maintenant robuste comme un vrai marin.

— Mais les nôtres, qui n'ont pas eu comme lui l'avantage d'une si terrible éducation, cher commandant, répondit en souriant Mme de Fleurville, ont vraiment besoin de repos. Tous ont pris une part si vive au bonheur de Marguerite, qu'ils ont comme elle besoin d'une bonne nuit pour se remettre. Demain ils seront de force à lutter avec Paul.

M. de Rosbourg ne répondit que par un salut gracieux, et, attirant à lui Marguerite et Sophie, il les embrassa avec tendresse.

« Oh ! papa, dit Marguerite en serrant les bras autour de son cou, que c'est ennuyeux de vous quitter et de me coucher ! »

— Je vais prolonger la soirée en montant jusque chez toi, mon enfant, répondit M. de Rosbourg.

Et, la prenant dans ses bras, il l'emporta jusque dans sa chambre, à la grande joie de Marguerite qui répétait en l'embrassant :

« Oh ! que c'est bon un papa ! Maman avait bien raison. »

M. DE ROSBOURG. — En quoi avait raison ta maman ? Que disait-elle ?

— Maman disait que vous étiez le plus beau et le meilleur des hommes ; que sans moi elle mourrait de chagrin ; qu'elle ne pouvait pas être heureuse sans vous, et beaucoup d'autres choses encore. Et puis elle pleurait si souvent et si fort, que je pleurais quelquefois aussi ; alors elle essuyait ses yeux, elle souriait et m'embrassait.

Tout en causant, Marguerite s'était déshabillée.

Pour finir, elle se jeta au cou de son père, qui, vaincu par son émotion, la serra dans ses bras et la couvrit de baisers en sanglotant. Marguerite effrayée lui demanda :

« Papa, cher papa, qu'avez-vous ? Pourquoi pleurez-vous ainsi ? »

— Mon enfant, ma Marguerite chérie, c'est le bonheur qui fait couler mes larmes ; c'est la joie !

Quand il releva son visage baigné de larmes, elle était endormie. Il essuya la main humide de Marguerite, baisa son joli front blanc et pur, lui donna sa bénédiction paternelle, et sortit en se retournant plus d'une fois pour regarder cette charmante petite figure dormant si paisiblement et si gracieusement.

la mer et les sauvages

Le lendemain on se réunit plus tôt que d'habitude. Les enfants firent honneur à un premier déjeuner, que Paul mangea avec délices, s'extasiant sur la bonté du lait, l'excellence du beurre normand ; il retrouvait en chaque chose des souvenirs d'enfance, et il regardait avec bonheur et reconnaissance son cher commandant qui lui tenait lieu de père. L'excellent M. de Rosbourg, non moins heureux que Paul, répondait à ses regards par un sourire affectueux.

On sortait de table ; Paul et Marguerite saisirent chacun une main du commandant et la couvrirent de baisers. Il en rendit un à Paul, une douzaine à Marguerite ; il fit un signe de tête amical à Sophie, et il offrit le bras à Mme de Fleurville pour la ramener au salon. La journée se passa à faire connaissance ; on mena Paul voir toute la maison, le potager, la ferme, les écuries, le parc, le village, le petit jardin et les cabanes. Puis on alla faire tous ensemble une visite à Lecomte. En apercevant son commandant, il faillit tomber à la renverse. M. de Rosbourg lui témoigna une grande amitié et lui promit de revenir le voir et de s'arranger de façon à l'avoir toujours près de lui. Après dîner les enfants demandèrent à Paul de leur raconter ses aventures. Tout le monde se groupa autour de lui, et il commença ainsi :

« Sophie vous a raconté notre naufrage ; mais elle ne sait pas comment il s'est fait qu'elle et moi nous soyons restés sur le vaisseau qui allait périr ; M. de Rosbourg me l'a expliqué depuis. Quand papa, maman, mon oncle et ma tante sont montés sur le pont, nous laissant en bas dans la chambre, on avait déjà mis à la mer les chaloupes ; le commandant, voyant le vaisseau prêt à s'engloutir, fit partir le plus de monde possible sur la première chaloupe et ordonna à ses gens d'enlever les personnes qui restaient et de les sauver de gré ou de force en les faisant passer sur la seconde chaloupe. Des matelots enlevèrent maman et ma tante malgré leurs cris. Papa et mon oncle voulurent aller nous chercher; on leur dit que nous étions déjà embarqués. Dans le tumulte et la frayeur du naufrage, c'était vraisemblable. On les jeta dans la chaloupe où ils trouvèrent maman et ma tante qui nous appelaient à grands cris. Papa voulut s'élancer sur le vaisseau, on le retint de force; mon oncle cria : « Attendez-moi ! » et remonta sur le bâtiment. Il ne me vit pas; j'étais derrière le commandant; mais il aperçut Sophie, il la saisit dans ses bras et courut à la chaloupe; on avait déjà coupé la corde qui la retenait au vaisseau, et, sans écouter ses supplications et les cris de ma pauvre tante, ils s'éloignèrent. Leur chaloupe, trop chargée, fut presque immédiatement engloutie par une vague énorme avant que mon oncle l'eût perdue de vue. Alors mon oncle voulut au moins me sauver ainsi que Sophie; il me demanda au commandant, qui lui représenta l'imprudence de se risquer tous ensemble sur une planche ou un morceau de mât brisé.

» Mon oncle partit avec Sophie; je pleurais, car je croyais bien qu'ils allaient s'engloutir comme les chaloupes. Le bon Normand et M. de Rosbourg ne perdirent pas de temps pour faire un radeau, sur lequel le Normand mit un petit tonneau d'eau et des provisions; il passa une hache à sa ceinture et à celle du commandant, pensa aux rames, à la boussole, et je me trouvai sur le radeau dans les bras du commandant. Il regardait son pauvre vaisseau d'un air aussi triste que mon oncle m'avait regardé en me quittant; et, quand le vaisseau acheva de se briser et fut enlevé par les vagues, je vis pour la première fois des larmes dans les yeux de mon cher commandant. Il se détourna, passa le dos de sa main sur ses yeux et reprit tout son courage.

» Pendant que le Normand ramait, M. de Rosbourg me posa sur ses genoux en me disant : « Dors, mon garçon, dors sur les genoux de ton père, tu seras à l'abri des vagues ; appuie ta tête sur ma poitrine. » Je craignais de le fatiguer ; il me prit la tête et l'appuya de force sur son épaule. Je ne voulais pas m'endormir, mais je ne sais comment il arriva que cinq minutes après je dormais profondément. Je m'éveillai au jour ; ce bon M. de Rosbourg n'avait pas bougé pour ne pas m'éveiller, et, craignant que je n'eusse froid, il m'avait couvert avec son habit. En lui prenant les mains, je sentis qu'elles étaient raides de froid. Je le priai de remettre son habit, l'assurant que j'avais bien chaud.

» Au fait, dit-il, voici le soleil qui commence à chauffer ; la lune était moins agréable, n'est-ce pas, le Normand ? Cette diable de lune ne donne pas beaucoup de chaleur. »

» Et, me posant sur le radeau, il reprit son habit et le remit non sans quelque peine sur ses épaules glacées. Le vent nous poussait vers la terre, mais nous eûmes de la peine à aborder parce qu'il y avait des rochers contre lesquels les vagues venaient se briser, et il fallut toute l'habileté de M. de Rosbourg et du brave Normand pour que notre pauvre petit radeau ne fût pas mis en pièces. Enfin il entra dans une eau tranquille. Le Normand redoubla d'efforts avec ses rames, et nous nous trouvâmes sur le sable. Le commandant me prit dans ses bras et me porta sur le rivage à l'abri des vagues. Le Normand roula à terre le tonneau d'eau et le peu de provisions qu'il avait pu emporter sur le radeau. Le commandant me serra contre son cœur et me dit : « Paul, tu es mon fils ! je suis ton père, le seul qui te reste en ce monde ; et je jure que je serai ton père tant que je vivrai. » Il a bien tenu parole, ce bon et cher père ; vous le verrez bien par la suite de mon histoire.

» Après avoir fait un maigre déjeuner de biscuit et d'eau, nous allâmes tous les trois à la recherche d'un abri pour y déposer nos provisions. On apercevait dans le lointain des

Mon oncle partit avec Sophie...

arbres qui paraissaient former un bois. Le soleil commençait
à piquer; le commandant craignait que l'eau du tonneau ne
se gâtât avant que nous eussions découvert une source; aidé
du Normand, il le poussa à l'ombre d'un rocher un peu
creusé par le bas. Il me proposa de me mettre là pendant que
lui et le Normand iraient jusqu'au bois pour voir s'ils n'y
trouveraient pas un ruisseau et des fruits; mais je lui demandai de ne pas le quitter, et il m'emmena. Le chemin était
difficile. Le Normand marchait en avant et brisait avec sa
hache les joncs et les plantes piquantes qui l'empêchaient
d'avancer. Je commençais à me repentir de les avoir suivis,
quand le commandant, voyant mes bras tachés de sang, me
prit sur ses épaules malgré ma résistance. Le Normand voulut me porter, mais le commandant lui dit : « Tu as une
tâche plus rude que la mienne, en marchant en avant et en
me frayant un passage aux dépens de ta peau, mon brave
Normand. Il n'est pas lourd, ce garçon! Et puis est-ce qu'un
enfant pèse jamais trop sur les épaules de son père? » Le
Normand obéit et marcha en avant. Je me repentis bien plus
encore de n'être pas resté sous mon rocher quand je vis mon
pauvre père trempé de sueur et plier malgré lui sous mon
poids. Je lui demandai de me laisser marcher, il ne le voulut
pas; j'essayai de me glisser de dessus ses épaules, il me retint
d'une main de fer et me dit : « N'essaye plus, car je t'attache
si tu recommences. » Nous avancions lentement; nous mîmes plus d'une heure à arriver à cette forêt, car c'en était
une. Le terrain y était assez doux et uni. Le commandant me
posa à terre, nous nous assîmes à l'ombre de ces grands
arbres qui étaient des palmiers-cocotiers et des palmiers-
dattiers. Le Normand nous apporta quelques noix de coco et
aussi des dattes tombées des palmiers. Le commandant ouvrit une noix avec sa hache; il me fit boire l'eau ou plutôt le
lait qu'elle contenait : c'était frais et délicieux; puis il me fit
manger la chair de cette noix : je la trouvai excellente et je

regrettai amèrement que ma pauvre Sophie ne pût pas en
goûter avec moi. Sophie avait toujours été de moitié dans
tous mes plaisirs, dans tous mes projets, dans toutes mes
sottises même, car j'exécutais ses idées qui n'étaient pas
toujours heureuses, il faut le dire. Et maintenant, je me la
représentais dans ce vilain baquet qui sautait sur ces énormes vagues, et je croyais bien qu'elle était engloutie par la
mer ainsi que mon pauvre oncle. Je m'aperçus que mon père
me regardait boire et manger, et ne mangeait pas lui-même :
« Et vous, père ? lui dis-je. Prenez, vous avez chaud, vous
avez soif. — Ne t'occupe pas de moi, mon cher enfant ; je
suis un homme, un marin ; je sais supporter la faim, la soif,
le chaud, le froid. Je suis content de te voir manger et boire
de bon appétit. — Oh ! père, je n'ai plus faim ni soif, si je ne
vous vois pas partager ces provisions. Et le bon Normand,
où est-il ? — Il est allé chercher d'autres noix, s'il peut en
trouver. »
» Je refusai de toucher à ce qui restait, et je priai si instam-
ment le commandant de le partager au moins avec moi, qu'il
finit par y consentir. Je vis avec bonheur ses lèvres dessé-
chées par la soif se tremper dans le lait si rafraîchissant des
noix de coco. Quelque temps après, le Normand revint,
apportant encore quelques noix et des dattes fraîches. Nous
nous en régalâmes tous les trois. Je me sentais fatigué par la
chaleur. Je voyais les yeux du commandant se fermer malgré
lui. Le bon Normand paraissait aussi fatigué ; je demandai si
je pouvais dormir. « Dors, mon ami, répondit mon père,
nous ferons bien aussi un somme ; la nuit a été rude et la
chaleur est accablante. Allons, mon Normand, étends-toi
près de nous et tâchons d'oublier en dormant. » Le Normand obéit ; il s'étendit à ma gauche ; le commandant s'était
couché à ma droite. Deux minutes après, je dormais profondément. Je crois que j'avais dormi longtemps, car en m'éveillant je sentis la fraîcheur du soleil couchant.

» La faim se faisait sentir, je demandai à manger. « Nous
t'attendions pour dîner, me dit mon père. Le couvert est mis,
ici à côté ! Viens voir notre salle à manger. » Je le suivis ; il
me mena dans un fourré où il avait fait avec sa hache, aidé
du Normand et pendant que je dormais, un passage comme
un corridor ; au bout il y avait comme une grande salle,
taillée aussi dans le fourré. Ils avaient étendu par terre
d'énormes feuilles de palmier-dattier et de cocotier ; sur une
de ces feuilles, larges comme une table, étaient plusieurs noix
de coco ouvertes et une espèce de pommes de terre que le
Normand avait fait cuire dans de l'eau de mer pour les saler ;
une énorme coquille lui avait servi de casserole. Il avait été
chercher aussi le tonneau d'eau et nos provisions, et avait
rapporté en même temps la coquille et l'eau salée. Mon
pauvre père, de son côté, avait travaillé à notre logement, au
lieu de se reposer de ses fatigues. Je m'assis à terre entre eux,
et nous mangeâmes tous avec un appétit qui faisait honneur
au cuisinier. Comme nous achevions notre dîner, un bruit
singulier se fit entendre. Mon père se releva d'un bond ; le
Normand lui fit signe de ne pas bouger. Ils écoutaient avec
une anxiété qui me fit peur. Je me serrai contre le commandant, il se baissa et me dit tout bas : « Ne bouge pas, ne
parle pas : ce sont des sauvages qui débarquent. » Ce mot de
sauvages glaça mon sang dans mes veines ; je me voyais déjà
mangé avec mon pauvre père et le bon Normand. Le commandant, me voyant trembler, chercha à me rassurer par un
sourire et me dit encore tout bas : « N'aie pas peur, mon
ami : tous les sauvages ne sont pas si méchants. Mais,
comme nous ne les connaissons pas, restons tranquilles pour
leur échapper. Pendant que je te garderai, le Normand va
tâcher de les reconnaître ; il saura bien de quelle tribu ils
sont et s'il faut les fuir ou nous montrer. » Pendant que le
commandant parlait, je vis le Normand se mettre à plat
ventre et se traîner ainsi dans le fourré en prenant les plus

grandes précautions pour ne pas faire de bruit et pour ne pas être vu. Il rampa hors du bois; mais avant de sortir du fourré il coupa des branches et des ronces et les piqua à l'entrée de notre allée pour la bien cacher à la vue des sauvages. Mon père me fit quitter la cabane et me traîna avec lui dans un massif de jeunes cocotiers; à mesure que nous passions, il avait soin de relever les branches et les herbes foulées par nous, pour enlever toute trace de notre passage. Peu de temps après le départ du Normand, nous entendîmes les sauvages courir de côté et d'autre et s'appeler entre eux; le bruit approchait; je me tenais tremblant tout près de mon père qui me serrait contre son cœur et me faisait signe de me taire.

» Un cri général des sauvages nous fit voir qu'ils avaient découvert notre allée; l'instant d'après, ils se précipitaient dans la salle que mon pauvre père avait faite avec tant de peine. Je crus voir sur son visage une vive inquiétude; le Normand ne revenait pas; les sauvages l'avaient-ils découvert et fait prisonnier? A chaque minute nous nous attendions à les voir apparaître. Une fois nous entendîmes craquer une branche si près de nous, que mon père, m'écartant doucement, saisit sa hache et se tint prêt à frapper. Pendant quelques instants, nous restâmes immobiles, osant à peine respirer. Le bruit cessa, les voix s'éloignèrent; nous nous crûmes sauvés, lorsque je sentis tout à coup une main qui me saisissait la jambe : je ne criai pas, mais me raccrochait à mon père qui me regarda avec surprise; il ne voyait pas la main qui me tenait, et moi je me sentais entraîné. Une seconde main vint saisir mon autre jambe, et je serais tombé le nez par terre si je ne m'étais retenu avec une force surnaturelle aux jambes de mon père. « Paul, qu'as-tu? me dit-il tout bas et avec terreur. — Il me tire! il me tire! mon père, sauvez-moi! » lui répondis-je bas aussi. Mon père regarda à terre, vit les deux mains; il les saisit à son tour, et avec une

force irrésistible il tira violemment l'homme auquel apparte-
naient ces mains. Il amena un jeune sauvage qui lui fit des
gestes suppliants et qui finit par se jeter à genoux. Il avait
l'air doux et craintif. Mon père lui fit signe de regarder, leva
sa hache, et d'un seul coup abattit un arbre plus gros que le
bras. Le sauvage regarda l'arbre, la hache, mon père, avec
une surprise mêlée d'admiration ; il fit un bond, poussa un
cri, baisa la main, toucha de cette main le pied de mon père,
et, s'élançant dans la direction de notre cabane, par le chemin que nous avions suivi pour nous cacher, il appela à
grands cris ses compagnons. « Nous sommes découverts, il
ne s'agit plus de se cacher. Il faut à présent nous montrer
hardiment et leur imposer par notre attitude. Que n'ai-je
mon pauvre Normand ! Où s'est-il fourré ? » Le commandant se dirigea vers la salle, me tenant par la main ; il tenait
sa hache de l'autre. Il entra dans la salle qui se remplissait de
sauvages ; à leur tête était le jeune garçon qui venait de nous
quitter. « Arrière ! » cria le commandant de sa voix de tonnerre en brandissant sa hache. Tous reculèrent. Le jeune
sauvage approcha timidement, presque en rampant, baisa la
main, toucha le pied du commandant et lui fit voir par gestes
que ses compagnons voudraient bien voir la hache couper un
arbre. Le commandant choisit un jeune cocotier et l'abattit
d'un coup. Les sauvages vinrent l'un après l'autre examiner
l'arbre, toucher craintivement la hache ; ensuite chacun,
comme le jeune sauvage, baisait sa main et touchait le pied
du commandant. Je n'avais plus peur. Je sentais l'empire que
prenait sur eux cet homme si fort, si courageux, si résolu.
Les sauvages se tenaient immobiles, le regardant avec curiosité et respect ; me tenant toujours par la main, il avança vers
eux, leur fit signe avec sa hache de s'écarter pour nous
laisser passer. Ils se retirèrent avec un effroi comique. « Sui-
vez-moi ! » leur dit-il de sa voix de commandement, et il
marcha, suivi de tous ces sauvages, jusqu'à ce qu'il fût sorti

du bois. Là, il regarda autour de lui, et, ne voyant pas le Normand, il cria : « Mon brave Normand, nous sommes découverts. Montre-toi et viens à moi, car ton bras peut m'être utile. » Aucune réponse ne se fit entendre ; mais quelques minutes après je vis le Normand sortir du bois. Il regarda les sauvages et dit au commandant : « Mon commandant, je n'ai pas répondu parce que j'étais à plat ventre dans les herbes et je ne voulais pas que ces Peaux-Rouges pussent croire que je me cachais. Je suis rentré dans le bois en rampant. J'ai commencé mon évolution dès que j'ai entendu votre *Arrière!* retentissant. »

» Il réfléchit un instant. Son visage devint sévère ; il se retourna vers les sauvages, leur ordonna d'un geste impérieux de le suivre, et, marchant en avant, me tenant par la main et suivi du Normand, il se dirigea vers la mer où il apercevait de loin les canots des sauvages. Tout le long du chemin, lui et le Normand se faisaient un passage en battant avec leurs haches les herbes et les joncs piquants. A chaque coup de la hache, les sauvages se précipitaient pour voir ce qu'elle avait abattu ; ils entouraient le commandant qui ne daignait pas leur accorder un regard ; le Normand, lui, les éloignait en brandissant sa hache. Quand nous fûmes arrivés au bord de la mer, le commandant ordonna au Normand de se tenir prêt à monter avec lui dans un des plus grands canots, et fit signe aux sauvages d'en amener un près du rivage. Ils obéirent, en approchèrent un ; le commandant y entra avec moi, suivi du Normand. Il fit signe de ramer, et nous partîmes, ne sachant pas où nous allions. Le canot était grand ; il pouvait contenir dix à douze personnes. Une foule de sauvages se précipitèrent pour y entrer ; mais, lorsque les quatre premiers y eurent grimpé, le commandant cria aux autres : *Arrière!* et brandit sa hache ; les sauvages s'élancèrent tous dans l'eau et gagnèrent à la nage les autres canots dans lesquels ils entrèrent et s'arrangèrent comme ils purent. Nos sauvages se mirent à ramer; nous fûmes bientôt en pleine mer; ils ramèrent longtemps; il était nuit quand nous touchâmes à une terre : je n'ai jamais su laquelle ni le commandant non plus.

» Les sauvages voulaient me prendre dans leurs bras, mais mon père les repoussa d'un air de commandement qui les effraya, car ils se culbutèrent les uns les autres et firent un grand cercle pour nous laisser passer.

» Le commandant marcha avec moi et le Normand; nous trouvâmes promptement un rocher creux; il y faisait noir comme dans un four. Il tira de sa poche une boîte d'allumettes, et, à la grande frayeur des sauvages, il en alluma une; ils firent tous une exclamation de surprise et d'effroi, et reculèrent de quelques pas. Mon père entra dans la grotte formée par le rocher, l'éclaira, et, la voyant sèche et sans habitants dangereux, tels que serpents ou bêtes féroces, il m'y fit entrer et y entra lui-même avec le Normand, après avoir fait signe aux sauvages qu'il voulait être seul. Ils obéirent avec répugnance et ne s'éloignèrent pas beaucoup, à en juger par le bruit léger que nous entendions de temps à autre; tantôt un chuchotement, tantôt un petit bruit de feuilles sèches, tantôt un sifflement étouffé comme de gens qui s'appellent. Mon père me mit au fond de la grotte et s'assit par terre à l'entrée, lui d'un côté, le Normand de l'autre. Je fus réveillé au petit jour par un bruit extraordinaire. J'ouvris les yeux et je vis mon père et le Normand debout à l'entrée de la grotte, leur hache à la main. Mon père se retourna vers moi d'un air inquiet au moment où je m'éveillai. Je sautai sur mes pieds, je courus à lui, j'avançai ma tête, et je vis une multitude de sauvages qui se dirigeaient vers nous. Au milieu d'eux marchait un homme qui paraissait être leur chef ou leur roi. Tous les autres le traitaient avec respect, n'osant pas l'approcher de trop près et lui parlant la tête baissée. Quand il fut à cent pas de nous, il dit quelques mots à deux sauvages qui vinrent à nous et nous firent signe d'approcher du roi. « Allons, dit mon père en souriant. Aussi bien, nous avons besoin d'eux pour avoir de quoi manger et de quoi nous loger. » Je n'avais pas peur, car je voyais près du roi deux petits garçons à peu près de mon âge. Nous nous avançâmes ; les deux petits garçons accoururent et tournèrent autour de moi en touchant ma veste, mon pantalon, mes pieds, mes mains ; ils faisaient de si drôles de mines et des gambades si étonnantes que je me mis à rire ; ils eurent l'air enchanté de me voir rire ; ils baisèrent leurs mains et me touchèrent les joues ; je leur en fis autant ; alors leur joie fut extrême ; ils coururent au roi, lui parlèrent avec volubilité, revinrent à moi en courant, et, me prenant chacun par une main, ils m'entraînèrent vers lui. J'entendis mon pauvre père appeler d'une voix altérée : « Paul, Paul, reviens ! » Mais je ne pouvais plus revenir ; les petits sauvages m'entraînaient en répétant : *Tchihan, tchihane poundi !* Le roi me regarda, me toucha, puis il me prit dans ses bras, me toucha l'oreille de son oreille, me remit à terre et dit quelques mots à un sauvage. Celui-ci disparut et revint promptement, lui apportant deux petites lianes. Le roi en prit une qu'il noua légèrement au bras d'un des petits garçons ; il en fit autant à l'autre, puis il attacha les bouts opposés à mes bras, à moi, de manière que je me trouvai attaché à chacun des petits sauvages par le bras. Ils semblaient enchantés, ils faisaient des gambades et poussaient des cris de joie qui me faisaient rire comme eux ; je sautai aussi pour leur tenir compagnie et je me mis à chanter à tue-tête.

» Aux premières paroles, les petits sauvages restèrent immobiles. Mais leur surprise et leur admiration furent partagées par le roi et ses sujets quand mon père et le Normand m'accompagnèrent de leurs belles voix retentissantes. Quand nous eûmes fini, les sauvages, y compris les petits, tombèrent tous la face contre terre ; ils se relevèrent d'un bond,

coururent au commandant et au Normand, auxquels ils
donnèrent tous les témoignages d'amitié qu'ils purent imagi-
ner. Ils cherchèrent à imiter nos chants, mais d'une manière
si grotesque que nous rîmes tous à nous tenir les côtes. Ils
paraissaient enchantés de nous voir rire ; ils riaient aussi et
faisaient des gambades comiques.

SOPHIE. — Pardonne-moi si je t'interromps, Paul, mais je
voudrais savoir pourquoi on t'avait attaché aux petits sauvages et si tu es resté longtemps ainsi.

PAUL. — J'ai appris depuis, quand j'ai su leur langage, que
c'était pour marquer l'affection qui devait me lier à mes nouveaux amis, et que nous devions à trois ne faire qu'un. Je
n'osais pas défaire ces liens, de peur de les fâcher, et en effet, j'ai
su depuis que, si je les avais défaits, c'eût été comme si nous leur
eussions déclaré la guerre. Mon père me dit : « Tant qu'ils ne te
feront pas de mal, mon garçon, laisse-les faire. Il ne faut pas
risquer de les fâcher. Nous avons besoin d'eux. D'ailleurs ils
n'ont vraiment pas l'air méchant. » Le roi fit alors signe à mon
père d'approcher. Un sauvage apporta un autre lien ; le chef en
attacha un bout au bras de mon père et lui donna l'autre bout
en touchant son oreille de la sienne. Mon père prit le lien et
l'attacha au bras du roi, dont il toucha aussi l'oreille. Le roi
parut transporté de joie ainsi que tous les sauvages qui se
mirent à pousser des hurlements d'allégresse et à faire autour
de nous une ronde immense. Les petits sauvages dansaient, je
dansais avec eux, le roi dansa, mon père sauta aussi ; nous nous
mîmes tous à rire ; ce rire gagna les sauvages et le roi ; le
Normand gambadait tant qu'il pouvait.
» Ce fut mon père qui donna le signal du repos en s'arrêtant
et criant : « Halte-là ! Assez pour aujourd'hui, sauvageons ! »
Sa voix domina le tumulte, et tout le monde s'arrêta. J'avais
faim ; je le dis à mon père qui fit signe au roi qu'il voulait
manger. *Moune chak*, s'écria aussitôt le roi. *Pris kanine,*

répondirent les sauvages, et ils se dispersèrent en courant. Ils revinrent bientôt, apportant des bananes, des fruits qui m'étaient inconnus, des noix de coco, du poisson séché. Nous mangeâmes de bon appétit; les sauvages s'assirent par dizaines, formant de petits ronds. Le roi et les petits sauvages mangèrent seuls avec nous.

» Le roi, nous voyant tirer de nos poches des couteaux, regarda attentivement ce que nous en ferions. Quand il nous vit couper facilement et nettement les bananes, le poisson et d'autres mets, il témoigna une grande admiration. Mon père voulut lui faire essayer de couper une banane, mais il n'osa pas; il retirait sa main avec effroi, et il regardait sans cesse les mains de mon père, celles du Normand et les miennes, s'étonnant qu'elles ne fussent pas coupées comme les fruits et le poisson. *Régite, régite,* répétait-il. Ce qui veut dire : « Ça coupe. »

» Quand le repas fut fini, le roi se leva, marcha avec mon père attaché à son bras; je suivais entre les deux petits sauvages, mes amis. Le Normand venait ensuite. « Ne perds pas Paul des yeux, lui avait dit mon père. Ma dignité me défend de me retourner trop souvent pour veiller sur lui; mais je te le confie. Emboîte son pas et ne laisse pas les sauvages trop en approcher. »

— Soyez tranquille, mon commandant, lui répondit le Normand. Je considère cet enfant comme le vôtre, et dès lors pas de danger tant que j'ai l'œil sur lui.

» Nous marchâmes longtemps. Les petits sauvages m'apprirent quelques mots de leur langage, que je parlai en peu de temps aussi bien qu'eux-mêmes. Il n'était pas très difficile, mais il leur manque une foule de mots; nous leur apprîmes à notre tour le français, qu'ils prononçaient d'une manière très drôle; mais tout cela ne se passa que longtemps après.

» Nous arrivâmes enfin dans une espèce de village formé de huttes basses, mais assez propres. Un ruisseau coulait tout le

long du village. Chaque hutte était partagée en deux : une
partie servait au chef de famille et aux fils, l'autre aux
femmes et aux enfants. Les garçons quittent la chambre des
femmes à l'âge de huit ans et ils ont alors le droit d'aller à la
chasse, d'apprendre à tirer de l'arc, à se servir d'une massue,
à faire des flèches et les armes, à préparer les peaux pour les
vêtements des hommes, à bâtir des huttes et autres choses
que ne peuvent faire les femmes. Quand nous fûmes arrivés,
nous vîmes une grande agitation se manifester parmi les
sauvages. Ils avaient l'air de délibérer pendant que les femmes et les enfants sortaient de leurs huttes, nous entouraient,
nous examinaient, nous touchaient.

» Après une longue délibération des hommes, le roi fit comprendre par signes à mon père que, chaque hutte étant
pleine, on lui en bâtirait une quand le soleil se lèverait une
autre fois, c'est-à-dire le lendemain, et qu'en attendant il
nous donnerait sa propre hutte et coucherait lui-même dans
celle d'un chef ami.

» Ensuite il coupa avec ses dents le milieu du lien qui l'attachait à mon père, délia le bout qui tenait au bras de mon
père, le baisa et se l'attacha au cou; mon père, à la grande
joie du chef, fit de même pour l'autre bout. Les petits sauvages firent la même chose pour nos liens à nous, et j'imitai
mon père en dénouant, baisant et attachant à mon cou les
bouts noués à leur bras. Je ne fus pas fâché de me sentir
libre. « Paul, me dit mon père, tu peux sans danger rester
avec tes amis; moi je vais avec le Normand couper du bois
pour bâtir notre hutte. Je ne veux pas me faire servir par ces
braves gens comme si j'étais une femme. Viens, mon Normand; viens leur faire voir ce que peuvent faire nos haches
au bout de nos bras. »

M. DE ROSBOURG. — Et voyez tout ce que peut faire l'élo-
quence de Paul : l'heure du coucher est passée depuis

longtemps, et Marguerite a encore les yeux ouverts comme les écoutilles de ma pauvre frégate. Mais je crois qu'il serait bon de remettre la fin à demain. Qu'en dit la société?

MADAME DE ROSBOURG. — Oui, mon ami, vous avez raison; le pauvre Paul est fatigué ou doit l'être. A demain la suite de cet intéressant récit. Allez vous coucher, mes enfants.

M. DE ROSBOURG. — Et ne rêvez pas sauvages et naufrages.

la délivrance

Le lendemain, les enfants ne parlèrent dans la journée que du naufrage et des sauvages, du courage de M. de Rosbourg, de sa bonté pour Paul.

« Paul, lui dit Marguerite, tu es et tu resteras toujours mon frère, n'est-ce pas ? Je t'aime tant, depuis tout ce que tu as raconté ! Tu aimes papa comme s'il était ton papa tout de bon, et papa t'aime tant aussi ! On voit cela quand il te parle, quand il te regarde. »

PAUL. — Oui, Marguerite, tu seras toujours ma petite sœur chérie, puisque nous avons le même père.

MARGUERITE. — Dis-moi, Paul, est-ce que ton père, qui est mort, ne t'aimait pas ?

PAUL. — Je ne devrais pas te le dire, Marguerite, puisque mon père m'a défendu d'en parler ; mais je te regarde comme ma sœur et mon amie, et je veux que tu saches tous mes secrets. Non, mon père, M. d'Aubert, ne m'aimait pas, ni maman non plus ; quand je n'étais pas avec Sophie je m'ennuyais beaucoup ; j'étais toujours avec les domestiques qui me traitaient mal, sachant qu'on ne se souciait pas de moi. Quand je m'en plaignais, maman me disait que j'étais difficile, que je n'étais content de rien, et papa me donnait une tape et me chassait du salon en me disant que je n'étais pas un prince, pour que tout le monde se prosternât devant moi.

MARGUERITE. — Pauvre Paul ! Alors tu as été heureux avec papa, qui a l'air si bon ?

PAUL. — Heureux, comme un poisson dans l'eau ! Mon père, ou plutôt notre père, est le meilleur, le plus excellent des hommes. Les sauvages mêmes l'aimaient et le respectaient plus que leur roi. Tu juges comme je dois l'aimer, moi qui ne le quittais jamais et qu'il aimait comme il t'aime.

MARGUERITE. — Et comment se fait-il que le Normand ne soit pas resté avec vous?

PAUL. — Tu sauras cela ce soir.

MARGUERITE. — Oh! mon petit Paul, dis-le-moi, puisque je suis ta sœur.

PAUL, *l'embrassant et riant*. — Une petite sœur que j'aime bien, mais qui est une petite curieuse et qui doit s'habituer à la patience.

Marguerite voulut insister, mais Paul se sauva.

Après le dîner, et après une petite promenade qui fut trouvée bien longue et que les parents abrégèrent par pitié pour les gémissements des enfants et pour les maux de toute sorte dont ils se plaignaient, on rentra au salon et chacun reprit sa place de la veille. Marguerite ne manqua pas de reprendre la sienne sur les genoux de son père et de lui entourer le cou de son petit bras.

« J'en suis resté hier, dit Paul, au moment où mon père appelait le Normand pour abattre des arbres et construire notre hutte. Les sauvages s'étaient déjà mis au travail; ils commençaient à couper lentement et péniblement de jeunes arbres avec des pierres tranchantes ou des morceaux de coquilles. Mon père et le Normand arrivèrent à eux, les écartèrent, brandirent leurs haches et abattirent un arbre en deux ou trois coups. Les sauvages restèrent d'abord immobiles de surprise; mais, au second arbre, ils coururent en criant vers le village, et l'on vit accourir avec eux leur roi et le chef ami qui était chez eux en visite. Mon père et le Normand continuèrent leur travail. A chaque arbre qui tombait, les chefs approchaient, examinaient et touchaient la partie coupée, puis ils se retiraient et regardaient avec une admiration visible le travail de leurs nouveaux amis. Quand tous les arbres nécessaires furent coupés, taillés et prêts à être enfoncés en terre, mon père et le Normand firent signe aux sauvages de les aider à les transporter. Tous s'élancèrent vers les arbres qui, en cinq minutes, furent enlevés et portés ou traînés en triomphe à travers le village, avec des cris et des hurlements qui attirèrent les femmes et les enfants. On leur expliquait la cause du tumulte; ils s'y joignaient en criant et gesticulant. Quand tous les arbres furent apportés sur l'emplacement où devait être bâtie la hutte, mon père et le Normand se firent des maillets avec leurs haches et enfoncèrent en terre les pieux épointés par un bout. Ils eurent bientôt fini et ils se mirent à faire la couverture avec les bouts des cocotiers abattus, garnis de leurs feuilles, qu'ils posèrent en travers sur les murs formés par les arbres. Ils relièrent ensuite avec des lianes les bouts des feuilles de cocotier et les attachèrent de place en place aux arbres qui formaient les murs. Ensuite ils bouchèrent avec de la mousse, des feuilles et de la terre humide les intervalles et les trous. Je les aidai dans cette besogne; mes petits amis les sauvages voulurent aussi nous aider et furent enchantés d'avoir réussi. Il ne s'agissait plus que de faire une porte. Mon père alla couper quelques branches longues et minces et se mit à les entrelacer comme on fait pour une *claie*. Quand il en eut attaché avec des lianes une quantité suffisante, lui et le Normand tirèrent leurs couteaux de leurs poches et se mirent à tailler une porte de la grandeur de l'ouverture qu'ils avaient laissée. Ils l'attachèrent ensuite aux murs, comme on attache un couvercle de panier. Les sauvages, qui s'étaient tenus assez tranquilles pendant le travail, ne purent alors contenir leur joie et leur admiration; ils tournaient autour de la maison, ils y entraient, ils fermaient et ouvraient la porte comme de véritables enfants.

» Le roi s'approcha de mon père, lui frotta l'oreille de la sienne, et lui fit comprendre qu'il voudrait bien avoir cette

Le roi était en admiration...

maison. Mon père le comprit, le prit par la main, le fit entrer dans la maison et ferma la porte sur lui. Le roi ne se posséda pas de joie, ressortit et commença avec ses sujets une ronde autour de la maison. Il fit signe à mon père que cette nuit la maison servirait à ses nouveaux amis et qu'il ne la prendrait que le lendemain. Mon père lui expliqua, par signes aussi, que le lendemain il lui ferait une seconde chambre pour les femmes et les enfants, ce qui redoubla la joie du roi. Le chef ami regardait d'un œil triste et envieux, lorsque tout à coup son visage prit un air joyeux; il dit quelques mots au roi qui lui répondit : *Vansi, Vansi, pravine.* Alors le chef s'approcha du Normand, frotta son oreille contre la sienne, et le regarda d'un air inquiet. « Mon commandant, dit le Normand, je n'aime pas ce geste-là. Le sauvage me déplaît; au diable lui et son oreille ! — Tu vas le mettre en colère, mon Normand, rends-lui son frottement d'oreille. » En frottant son oreille contre celle du sauvage : « Tiens, diable rouge, la voilà mon oreille de chrétien, qui vaut mieux que ton oreille de païen. » Le chef parut aussi joyeux que l'avait été le roi, et donna un ordre qu'exécuta un sauvage; il reparut avec le lien de l'amitié; le chef fit à son bras et à celui du Normand la même cérémonie qu'avait faite le roi à mon père.

» Mon père serra la main au bon Normand, que j'embrassai; mes petits amis, qui imitaient tout ce que je faisais, voulurent aussi embrasser le Normand qui allait les repousser avec colère, lorsque je lui dis : « Mon bon Normand, mon ami, sois bon pour eux; ils m'aiment. » Ce pauvre Normand ! je vois encore sa bonne figure changer d'expression à ces paroles et me regarder d'un air attendri en embrassant les sauvageons du bout des lèvres. Pendant ce temps, on avait apporté le repas du soir. Tout le monde s'assit par petits groupes comme le matin; les femmes nous servaient. Mes amis sauvages me placèrent entre eux deux, en face de mon père, qui était entre le roi et le Normand, lié au bras du chef. Après le souper, que je mangeai de bon appétit, le chef délia le Normand, qui fut obligé de passer à son cou la moitié du lien, et chacun se retira chez soi. Mais on voyait encore des têtes apparaître par les trous qui servaient d'entrée aux huttes.

» Avant d'entrer dans notre maison, nous vîmes tous les sauvages à l'entrée de leur hutte, nous regardant avec curiosité, mais en silence. Nous rentrâmes, le Normand ferma la porte. « Il nous faudrait un verrou, mon commandant, dit-il. On ne sait jamais si l'on est en sûreté avec ces diables rouges. » Mon père sourit, lui promit d'en fabriquer un le lendemain, et je m'étendis entre lui et le Normand ; je ne tardai pas à m'endormir. Mon père et le Normand, qui n'avaient pas dormi pour ainsi dire depuis quatre jours, s'endormirent aussi.

» Le lendemain, mon père et le Normand firent une seconde chambre à la maison où nous avions passé la nuit, comme ils l'avaient promis au roi, puis ils bâtirent une autre cabane pour nous-mêmes. Le roi, impatient de s'installer dans son nouveau palais, y fit apporter tout de suite les nattes et les calebasses qui formaient son mobilier ; il avait aussi quelques noix de coco sculptées, des coquilles travaillées, des flèches, des arcs et des massues. Mon père tailla quelques chevilles qu'il enfonça dans des intervalles des arbres, et il suspendit à ces clous de bois les armes et les autres trésors du roi, qui fut si enchanté de cet arrangement, qu'il appela tous les sauvages pour l'admirer. Ils ne pouvaient comprendre comment ces chevilles tenaient ; mon père en fit une devant eux et l'enfonça dans une fente, à leur grande surprise et joie. J'aidais mon père et le Normand à préparer les chevilles, à couper les liens avec mon couteau, à chercher la mousse et la terre pour boucher les trous.

» Cette seconde maison fut bien plus jolie et plus grande que la première, et, malgré les désirs du roi clairement exprimés,

mon père voulut la garder et la conserva pendant les cinq
longues années que nous avons passées près de ces sauvages.
Les jours suivants, il fabriqua des escabeaux et une table,
puis il tapissa toute la chambre de grandes feuilles de palmier, qui faisaient un charmant effet.

» Je vous ai dit que le chef ami qui était en visite chez le roi
avait *lié amitié* avec le Normand. Je vous ai dit que le
Normand y avait de la répugnance, qu'il ne laissa faire le
chef que pour obéir à son commandant. Nous ne savions pas
alors que, lorsqu'on s'était laissé lier au bras d'un homme,
on s'engageait à être son ami, à le protéger et à le défendre
contre tous les dangers. Et quand, après avoir coupé le lien,
on le mettait à son cou, on s'engageait à ne jamais se quitter,
à se suivre partout. Quelques jours après son arrivée, le chef
s'apprêta à retourner dans son île ; quatre à cinq cents de ses
sauvages vinrent le chercher. On fit un repas d'adieu, pendant lequel le roi parut lié au bras de mon père, le Normand
à celui du chef, et moi à ceux des petits sauvages. Nous
étions loin de penser que cette cérémonie, que mon père
avait accomplie comme un jeu et sans en connaître les consé-
quences, nous séparait de notre brave Normand. Après le
repas, les chefs coupèrent les liens et les passèrent à leur cou,
de même que mes petits amis et moi. Tout le monde se leva.
Le Normand voulut revenir près de mon père, mais le chef
lui passa le bras dans le sien et l'entraîna doucement et
amicalement vers la mer. Le roi en fit autant pour mon père,
et nous allâmes tous voir partir le chef et ses sauvages. Après
le dernier adieu du chef, le Normand voulut retirer son bras ;
le chef le retint ; le Normand donna une secousse, mais le
chef ne lâcha pas prise. Au même instant, deux ou trois cents
sauvages se précipitèrent sur lui, le jetèrent à terre, le garrot-
tèrent et l'emportèrent dans le canot du chef. Mon père
voulut s'élancer à son secours, mais en moins d'une seconde,
lui aussi fut jeté à terre, lié et emporté. « Mon pauvre

Normand ! » criait mon père. Le Normand ne répondait
pas ; les sauvages l'avaient bâillonné. « Paul, mon enfant,
cria enfin mon père, ne me quitte pas. Reste là, près de moi,
que je te voie au moins en sûreté. » J'accourus près de lui ;
on voulut me repousser, mais les petits sauvages parlèrent
d'un air fâché, se mirent près de moi et me firent rester avec
mon père. Je pleurais ; ils essuyaient mes yeux, me frottaient
les oreilles avec les leurs ; en un mot, ils m'ennuyaient, et je
cessai de pleurer pour faire cesser leurs consolations. Les
sauvages emportèrent mon père dans sa maison. Le roi vint
se mettre à genoux près de lui en faisant des gestes suppliants et en témoignant son amitié d'une manière si tou-
chante que mon père fut attendri et qu'il regarda enfin le roi
en lui souriant de son air bon et aimable. Le roi comprit, fit
un saut de joie et délia une des mains de mon père en le
regardant fixement. Rassuré par l'immobilité de mon père, il
délia l'autre main, puis les jambes. Voyant que mon père ne
se sauvait pas, il ne chercha plus à contenir sa joie, et la
témoigna d'une façon si bruyante, que mon père, ennuyé de
cette gaieté, le prit par le bras et le poussa doucement en
dehors de la porte, lui adressant un sourire et un signe de
tête amical. Il ferma la porte, et nous nous trouvâmes seuls.
» A partir de ce jour, mon père et moi nous passions une
partie de notre temps au bord de la mer dans l'espérance
d'apercevoir un vaisseau à son passage ; tout en regardant,
nous ne perdions pas notre temps : mon père abattait des
arbres, les préparait et les reliait ensemble pour en faire un
bateau assez grand pour nous embarquer avec des provisions
et nous mener en pleine mer. Je ne pouvais l'aider beaucoup ; mais pendant qu'il travaillait, j'apprenais à lire les
lettres qu'il me traçait sur le sable. Il eut la patience de
m'apprendre à lire et à écrire de cette façon. Quand je sus
lire, je traçais à mon tour les lettres que je connaissais, puis
des mots. Plus tard, mon bon père eut la patience de me

tracer sur de grandes feuilles de palmier des histoires, des cartes de géographie. »

Il y eut encore une petite interruption, après laquelle Paul continua son récit :

« Nous sommes restés ainsi cinq longues années à attendre un vaisseau, et sans avoir des nouvelles de notre pauvre Normand. L'année qui suivit celle de son enlèvement, le chef revint voir le roi ; mon père parlait déjà bien son langage ; il lui demanda où était notre ami. Le chef répondit d'un air triste qu'il était perdu ; qu'il n'avait jamais voulu leur faire une maison comme celle que nous avions faite au roi, qu'il restait triste, silencieux, qu'il ne voulait les aider en rien, ni faire usage de sa hache, qu'un beau jour enfin il avait disparu, on ne l'avait plus retrouvé, qu'il avait probablement pris un canot, et qu'il était noyé ou mort de faim et de soif. Nous fûmes bien attristés de ce que nous disait le chef. Celui-ci demanda au roi de lui donner mon père, mais le roi le refusa avec colère. Le chef se fâcha ; ils commencèrent à s'injurier ; enfin le chef s'écria : « Eh bien ! toi non plus, tu n'auras pas cet ami que tu refuses de me prêter. » Et il leva sa massue pour en donner un coup sur la tête de mon père ; je devinai son mouvement et, m'élançant à son bras, je le mordis jusqu'au sang. Le chef me saisit, me lança par terre avec une telle force que je perdis connaissance ; mais j'avais eu le temps de voir mon père lui fendre la tête d'un coup de hache. Je ne sais ce qui se passa ensuite. Mon père m'a raconté qu'il y avait eu un combat terrible entre nos sauvages et ceux du chef qui furent tous massacrés ; mon père fit des choses admirables de courage et de force. Autant de coups de hache, autant d'hommes tués. Moi, on m'avait emporté dans notre cabane. Après le combat, mon père accourut pour me soigner. Il me saigna avec la pointe de son couteau ; je revins à moi, à la grande surprise du chef. Je fus malade bien longtemps, et jamais mon père ne me quitta.

Quand je m'éveillais, quand j'appelais, il était toujours là, me parlant de sa voix si douce, me soignant avec cette tendresse si dévouée. C'est à lui après Dieu que je dois la vie, très certainement. Je me rétablis ; mais j'avais tant grandi qu'il me fut impossible de remettre ma veste et mon pantalon. Mon père me fit une espèce de blouse ou grande chemise, avec une étoffe de coton que fabriquent ces sauvages ; c'était très commode et pas si chaud que mes anciens habits. Mon père s'habilla de même, gardant son uniforme pour les jours de fêtes. Nous marchions nu-pieds comme les sauvages ; nous avions autour du corps une ceinture de lianes dans laquelle nous passions nos couteaux, et mon père sa hache. Nous avions enfoncé dans le sable, au bord de la mer, une espèce de mât au haut duquel mon père avait attaché un drapeau fait avec des feuilles de palmier de différentes couleurs. Le drapeau, surmonté d'un mouchoir blanc, devait indiquer aux vaisseaux qui pouvaient passer qu'il y avait de malheureux naufragés qui attendaient leur délivrance. Un jour, heureux jour ! nous entendîmes un bruit extraordinaire sur le rivage. Mon père écouta, un coup de canon retentit à nos oreilles. Vous dire notre joie, notre bonheur, est impossible. Nous courûmes au rivage, où mon père agita son drapeau ; un beau vaisseau était à deux cents pas de nous. Quand on nous aperçut, on mit un canot à la mer, une vingtaine d'hommes débarquèrent ; c'était un vaisseau français, l'*Invincible*, commandé par le capitaine Duflot. Les sauvages, attirés par le bruit, étaient accourus en foule sur le rivage. Dès que le canot fut à portée de la voix, mon père cria d'aborder. On fit force de rames, les hommes de l'équipage sautèrent à terre ; mon père se jeta dans les bras du premier homme qu'il put saisir et je vis des larmes rouler dans ses yeux. Il se nomma et raconta en peu de mots son naufrage. On le traita avec le plus grand respect en lui demandant ses ordres. Il demanda si l'on avait du temps à perdre. L'enseigne qui commandait l'embarcation dit qu'on avait besoin d'eau et de vivres frais. Mon père leur promit bon accueil, de l'eau, des fruits, du poisson en abondance. Les hommes restèrent à terre et dépêchèrent le canot vers le vaisseau pour prendre les ordres du capitaine. Peu d'instants après, nous vîmes le capitaine lui-même monter dans la chaloupe et venir à nous. Il descendit à terre, salua amicalement mon père qui le prit sous le bras, et, tout en causant, nous nous dirigeâmes vers le village ; nous rencontrâmes le roi, qui accourait pour voir le vaisseau merveilleux dont lui avaient déjà parlé ses sujets. Il frotta son oreille à celle du capitaine, auquel mon père expliqua que c'était un signe d'amitié. Le capitaine le lui rendit en riant. Le roi examinait attentivement les habits, les armes du capitaine et de sa suite. Les sauvages tournaient autour des hommes, couraient, gambadaient. On arriva au village. Mon père fit voir sa maison, que le capitaine admira très sincèrement ; c'était vraiment merveilleux que mon père eût pu faire, avec une simple hache et un couteau, tout ce qu'il avait fait. Je vous dirai plus tard tous les meubles, les ustensiles de ménage qu'il avait fabriqués, et tout ce qu'il a appris aux sauvages.

» Mon père demanda au capitaine s'il pouvait s'embarquer avant la nuit. Le capitaine demanda vingt-quatre heures pour remplir d'eau fraîche ses tonneaux et pour faire une provision de poisson et de fruits. Mon père y consentit à regret : il désirait tant revoir la France, sa femme et son enfant ! Pour moi, cela m'était égal ; j'aimais mon père par-dessus tout ; avec lui j'étais heureux partout ; je n'avais que lui à aimer dans le monde. »

SOPHIE. — Est-ce que tu n'aimais pas les petits sauvages qui t'aimaient tant ?

PAUL. — Je les aimais bien, mais j'avais passé ces cinq années avec la pensée et l'espérance de les quitter, et puis, ils étaient plutôt mes esclaves que mes amis; ils m'obéissaient comme des chiens et ne me commandaient jamais; ils prenaient mes idées, ils ne me parlaient jamais des leurs; en un mot, ils m'ennuyaient; et pourtant, je les ai regrettés; leur chagrin quand je les ai quittés m'a fait de la peine. Tu vas voir cela tout à l'heure.

» Mon père alla dire au roi que le chef blanc, son frère (le capitaine), demandait de l'eau, du poisson et des fruits. Le roi parut heureux de faire plaisir à mon père en donnant à son ami ce qu'il demandait. Les sauvages se mirent immédiatement les uns à cueillir des fruits du pays (il y en avait d'excellents et inconnus en Europe), d'autres à pêcher des poissons pour les saler et les conserver. On servit un repas auquel tout le monde prit part et à la fin duquel mon père annonça au roi notre départ pour le lendemain. A cette nouvelle, le roi parut consterné. Il éclata en sanglots, se prosterna devant mon père, le supplia de rester. Les petits sauvages poussèrent des cris lamentables. Quand les autres sauvages surent la cause de ces cris, ils se mirent aussi à hurler, à crier; de tous côtés on ne voyait que des gens prosternés, se traînant à plat ventre jusqu'aux pieds de mon père, qu'ils baisaient et arrosaient de larmes. Mon père fut touché et peiné de ce grand chagrin; il leur promit qu'il reviendrait un jour, qu'il leur apporterait des haches, des couteaux et d'autres instruments utiles et commodes; qu'en attendant il donnerait au roi sa propre hache et son couteau; qu'il demanderait à son frère le chef blanc quelques autres armes et outils qui seraient distribués au moment du départ. Il réussit enfin à calmer un peu leur douleur. Le capitaine proposa à mon père de nous emmener coucher à bord, de crainte que les sauvages ne nous témoignassent leur tendresse en nous enlevant la nuit et nous emmenant au milieu des terres. Mon père répondit qu'il allait précisément le lui demander.

» Quand les sauvages nous virent marcher vers la mer, ils
poussèrent des hurlements de douleur; le roi se roula aux
pieds de mon père et le supplia, dans les termes les plus
touchants, de ne pas l'abandonner.

» Mon père et moi, nous fûmes attendris, mais nous restâmes inexorables. Mon père promit de revenir le lendemain,
et nous montâmes dans la chaloupe. Le beau visage de mon
père devint radieux quand il se vit sur mer, sur une embarcation française, entouré de Français. »

— Mon bon Paul, interrompit M. de Rosbourg en lui serrant
vivement la main, je ne saurais te dire combien ta tendresse
me touche, mais je dois te rappeler à l'ordre en te disant que
tu nous a promis toute la vérité; or, j'ai vainement et patiemment attendu le récit de deux événements que tu n'as
certainement pas oubliés puisqu'il s'agissait de ma vie, et que
je veux t'entendre raconter.

— Oh! mon père, reprit Paul en rougissant, c'est si peu de
chose, cela ne vaut pas la peine d'être raconté.

M. DE ROSBOURG. — Ah! tu appelles peu de chose les deux
plus grands dangers que j'aie courus.

MARGUERITE. — Quoi donc? Quels dangers? Paul, raconte-
nous.

PAUL. — C'est d'abord qu'un jour mon père a été piqué par
un serpent et que les sauvages l'ont guéri; et puis que mon
pauvre père a fait une longue maladie et que les sauvages
l'ont encore guéri.

M. DE ROSBOURG. — Voyez, mes amis, si j'ai raison d'aimer
mon Paul comme j'aime ma Marguerite. Il m'a deux fois
sauvé du désespoir, de la mort du cœur. Et c'est toi, mon
fils, qui me remercies, c'est toi qui prétends me devoir de la
reconnaissance! Ah! Paul, tu te souviens de mes bienfaits et
tu oublies trop les tiens.

En achevant ces mots, M. de Rosbourg se leva et réunit dans

un seul et long embrassement son fils Paul et sa fille Marguerite. Tout le monde pleurait. Mme de Rosbourg, à son tour,
saisit Paul dans ses bras et, l'embrassant cent et cent fois, elle
lui dit :

« Et tu me demandais si tu pouvais m'appeler ta mère ? Oui,
je suis ta mère reconnaissante. Sois et reste toujours mon fils,
comme tu es déjà celui de mon mari. »

Quand l'émotion générale fut calmée, que Paul eut été embrassé par tous, les parents s'aperçurent qu'il était bien tard
et que l'heure du coucher était passée depuis longtemps.

fin du récit de paul

Le lendemain, les enfants avaient rejoint M. et Mme de Rosbourg et Marguerite. Ils trouvèrent Lecomte dans la joie, parce que M. de Rosbourg venait de lui promettre qu'il le prendrait à son service, que sa femme serait près de Mme de Rosbourg comme femme de charge. Lucie devait être plus tard femme de chambre de Marguerite.

Ils restèrent quelque temps chez Lecomte qui leur raconta comment il s'était échappé de chez les sauvages. « Je les ai tout de même bien attrapés, et ils n'ont rien gagné à m'avoir séparé de mon commandant et de M. Paul. Ils croyaient que j'allais leur bâtir des maisons. Ils me montraient toujours ma hache. « Eh bien ! qu'est-ce que vous lui voulez à ma hache ? que je leur dis. Croyez-vous pas qu'elle va travailler pour vous, cette hache ? Elle ne vous coupera pas seulement un brin d'herbe. » Et comme ils avaient l'air de vouloir me la prendre : « Essayez donc, que je leur dis en la brandissant autour de ma tête, et le premier qui m'approche je le fends en deux depuis le sommet de la tête jusqu'au talon. » Ils ont eu peur tout de même, et m'ont laissé tranquille pendant quelques jours. Puis j'ai vu que ça se gâtait ; ils me regardaient avec des yeux, de vrais yeux de diables rouges. Si bien qu'une nuit, pendant qu'ils dormaient, je leur ai pris un de leurs canots, pas mal fait tout de même pour des gens qui n'ont que leurs doigts, et me voilà parti. J'ai ramé, ramé, que j'en étais las. J'aperçois terre à l'horizon ; j'avais soif, j'avais faim ; je rame de ce côté et j'aborde ; j'y trouve de l'eau, des coquillages, des fruits. J'amarre mon canot, je bois, je mange, je fais un somme. Je charge mon canot de fruits, d'eau que je mets dans des noix de coco évidées, et me voilà reparti. Je suis resté trois jours et trois nuits en mer. J'allais où le bon Dieu me portait. Les provisions étaient finies ; l'estomac commençait à tirailler et le gosier à sécher, quand je vis encore terre. J'aborde ; j'amarre, je trouve ce qu'il faut pour vivre ; arrive une tempête qui casse mon amarre, emporte mon canot, et me voilà obligé de devenir colon dans cette terre que je ne connaissais pas. J'y ai vécu près de cinq ans, attendant toujours, demandant toujours du secours au bon Dieu, et ne désespérant jamais. Rien pour me remonter le cœur, que l'espérance de revoir mon commandant, ma femme et ma Lucie. Un jour je bondis comme un chevreuil : j'avais aperçu une voile, elle approchait ; je hissai un lambeau de chemise, on l'aperçut, il vint du monde ; quand ils me virent, je vis bien, moi, que ce n'étaient pas des Français, mais des Anglais. Ils m'ont pourtant ramassé, mais ils m'ont traîné avec eux pendant six mois. Je m'ennuyais, j'ai fait leur ouvrage, et joliment fait encore ! Ils ne m'ont seulement pas dit merci ; et, quand ils m'ont débarqué au Havre, ils ne m'ont laissé que ces méchants habits que j'avais sur le dos quand vous m'avez trouvé dans la forêt, messieurs, mesdames, et pas un shilling avec. »

Le soir, Sophie rappela que Paul n'avait pas entièrement terminé l'histoire de leur délivrance. Tout le monde en ayant demandé la fin, Paul reprit le récit interrompu la veille.

« Il ne me reste plus grand-chose à raconter. Je me retrouvai avec bonheur sur un vaisseau français. Je reconnus beaucoup de choses pareilles à celles que j'avais vues sur la *Sibylle*. J'avais tout à fait oublié le goût des viandes et des différents mets français. Je trouvai très drôle de me mettre à table, de manger avec des fourchettes, des cuillers, de boire dans un verre. Le dîner fut très bon ; je goûtai une chose amère, que je trouvai mauvaise d'abord, bonne ensuite. C'était de la bière. Je pris du vin, que je trouvai excellent ; mais je n'en bus que très peu parce que mon père me dit que je serais ivre si j'en avalais beaucoup. Ce qui me rendait plus heureux que tout cela, c'était le bonheur de mon père : ses yeux brillaient comme je ne les avais jamais vus briller ; je suis sûr qu'il aurait voulu embrasser tous les hommes de l'équipage.

» Le lendemain, après une bonne nuit dans ce hamac, qui me parut un lit délicieux, on nous apporta des vêtements. L'habit de mon père était superbe, avec des galons partout ; le mien était un habillement de mousse et très joli. Après un bon déjeuner nous retournâmes voir nos sauvages qui nous attendaient sur le rivage. Le capitaine nous avait donné une escorte nombreuse, de peur que les sauvages ne voulussent nous garder de force. Le roi et mes jeunes amis vinrent nous recevoir ; ils avaient l'air triste et abattu. Au moment de se rembarquer, mon père donna au roi sa hache et son couteau. Je donnai un couteau à chacun de mes petits amis. Le capitaine avait fait porter sur la chaloupe cinquante haches et deux cents couteaux, que mon père distribua aux sauvages. Il leur donna aussi des clous et des scies, des ciseaux, des épingles et des aiguilles pour les femmes.

» Ces présents causèrent une telle joie que notre départ devint facile. La nuit était venue quand nous arrivâmes à l'*Invincible*. Deux heures après on appareilla, c'est-à-dire qu'on se mit en marche ; le lendemain, la terre avait disparu ; nous étions en pleine mer. Notre voyage fut des plus heureux ; trois mois après, nous arrivions au Havre, où recommencèrent les joies de mon père qui se sentait si près de ma mère et de ma sœur. Nous partîmes immédiatement pour Paris ; nous courûmes au Ministère de la Marine, où nous rencontrâmes M. de Traypi. Mon père repartit sur-le-champ pour Fleurville, où M. de Traypi nous fit arriver par la ferme de peur d'un trop brusque saisissement pour ma pauvre mère. Il y avait dix minutes à peine que nous étions arrivés, lorsque Mme de Rosbourg rentra. J'entendis son cri de joie et celui de mon père ; j'étais heureux aussi, et je riais tout seul, lorsque Sophie se précipita à mon cou dans la chambre. Vous savez le reste. »

histoires de revenants

Quand Paul eut ainsi terminé son récit, chacun le remercia et voulut l'embrasser. Mme de Rosbourg le tint longtemps pressé sur son cœur; M. de Rosbourg le regardait avec attendrissement et fierté. Marguerite et Jacques sautaient à son cou et lui adressaient mille questions sur ses petits amis sauvages, sur leur langage, leur vie. L'heure du coucher vint mettre fin comme toujours à cette intéressante conversation. Léon ne s'y était pas mêlé; il était resté sombre et silencieux, regardant Paul d'un œil jaloux, Marguerite et Jacques d'un air de dédain, et repoussant avec humeur Sophie et Jean quand ils s'approchaient et lui parlaient. Camille et Madeleine étaient les seules qu'il paraissait aimer encore et les seules qu'il voulut bien embrasser quand on se sépara pour aller se coucher.

Léon se sentait embarrassé envers Paul, il l'évitait le plus possible; mais ce n'était pas chose facile, parce que tous les enfants aimaient beaucoup leur nouvel ami, et qu'ils étaient presque toujours avec lui. Paul, que cinq années d'exil avaient rendu plus adroit, plus intelligent et plus vigoureux qu'on ne l'est en général à son âge, leur apprenait une foule de choses pour l'agrément et l'embellissement de leurs cabanes. Il leur proposa d'en construire une comme celle que son père et Lecomte avaient bâtie chez les sauvages. Les enfants acceptèrent cette proposition avec joie. Ils se mirent tous à l'œuvre sous sa direction. M. de Rosbourg venait quelquefois les aider; ces jours-là c'était fête au jardin. Paul et Marguerite étaient toujours heureux quand ils se trouvaient en présence de leur père; tous les autres enfants aimaient aussi beaucoup M. de Rosbourg qui partageait leurs plaisirs avec une bonté, une complaisance et une gaieté qui faisaient de lui un compagnon de jeu sans pareil. Léon, qui s'était tenu un peu à l'écart dans les commencements, finit par ressentir comme les autres l'influence de cette aimable bonté. Il avait perdu de son éloignement pour M. de Rosbourg et pour Paul. Ce dernier recherchait toutes les occasions de lui faire plaisir, de le faire paraître à son avantage, de lui donner des éloges.

Un soir que Paul avait beaucoup vanté un petit meuble que venait de terminer Léon, celui-ci, touché de la générosité de Paul, alla à lui et lui tendit la main sans parler. Paul la serra fortement, et lui dit avec ce sourire bon et affectueux qui lui attirait toutes les sympathies : « Merci, Léon, merci. » Ces seuls mots, dits si simplement, achevèrent de fondre le cœur de Léon qui se jeta dans les bras de Paul en disant : « Paul, sois mon ami comme tu es celui de mes frères, cousins et amis. Je rougis de ma conduite envers toi. Oui, je suis honteux de moi-même ; j'ai été jaloux de toi ; je t'ai détesté ; je me suis conduit comme un mauvais cœur ; j'ai détesté ton excellent père. Toi qui lui dis tout, dis-lui combien je suis repentant et honteux ; dis-lui que je t'aimerai autant que je te détestais, que je tâcherai de t'imiter autant que j'ai cherché à te dénigrer ; dis-lui que je le respecterai, que je l'aimerai tant qu'il me rendra son estime. N'est-ce pas, Paul, tu le lui diras, et toi-même tu me pardonneras, tu m'aimeras un peu ? »

PAUL. — Non, pas un peu, mais beaucoup. Je savais bien que cela ne durerait pas. Je comprends si bien ce que tu as dû éprouver en voyant un étranger prendre, pour ainsi dire de force, l'amitié et les soins de ta famille et de tes amis ! Puis l'intérêt que j'excitais parce que j'étais le cousin de Sophie, parce que je venais de chez des sauvages ; l'attention qu'on a prêtée à mon récit ; tout cela t'a ennuyé, et tu as cru que je prenais chez les tiens une place qui ne m'appartenait pas.

LÉON. — Tu expliques tout avec ta bonté accoutumée, Paul ; j'en suis reconnaissant, je t'en remercie.

JACQUES. — Mais pourquoi ça n'a-t-il pas fait le même effet sur nous autres, Paul ? Ni Jean, ni mes cousines, ni Sophie, ni Marguerite, ni moi, nous n'avons pensé ce que tu dis là.

PAUL, *embarrassé*. — Parce que... parce que tout le monde ne pense pas de même, mon petit frère ; et puis, vous êtes tous plus jeunes que Léon, et alors...

JACQUES. — Alors quoi ? Je ne comprends pas du tout.

PAUL. — Eh bien ! alors... vous êtes tous trop bons pour moi ; voilà tout.

SOPHIE, *riant*. — Ha ! ha ! ha ! voilà une explication qui n'explique rien du tout, mon pauvre Paul. Les sauvages ne t'ont pas appris à faire comprendre tes idées.

LÉON. — Non, mais son bon cœur lui fait comprendre qu'il est doux de rendre le bien pour le mal, et son bon exemple me fait comprendre à moi la générosité de son explication.

Paul allait répondre, lorsqu'ils entendirent des cris d'effroi du côté du château ; ils y coururent tous et trouvèrent leurs parents rassemblés autour d'une femme de chambre sans connaissance ; près d'elle, une jeune ouvrière se tordait dans une attaque de nerfs, criant et répétant : « Je le vois, je le vois. Au secours ! il va m'emporter ! il est tout blanc ! ses yeux sont comme des flammes ! Au secours ! au secours !
— Qu'est-ce donc, mon père ? demanda Paul avec empressement ; pourquoi cette femme crie-t-elle comme si elle était entourée d'ennemis ?

M. DE ROSBOURG. — C'est quelque imbécile qui a voulu faire peur à ces femmes, et qui leur a apparu déguisé en fantôme. Nous allons faire une battue, ces messieurs et moi. Viens avec nous, Paul ; tu as de bonnes jambes, tu nous aideras à faire la chasse au fantôme.

— Est-ce que tu n'auras pas peur? lui dit tout bas Marguerite.

PAUL, *riant*. — Peur d'un fantôme?

MARGUERITE. — Non, mais d'un homme, d'un voleur peut-être?

PAUL. — Je ne crains pas un homme, ma petite sœur; pas même deux, ni trois. Mon père m'a appris la boxe et la savate; avec cela on se défend bien et l'on attaque sans crainte.

Et Paul courut en avant de ces messieurs; ils disparurent bientôt dans l'obscurité. Les domestiques avaient emporté la femme de chambre évanouie, l'ouvrière en convulsions; Mme de Fleurville et ses sœurs les avaient suivies pour leur porter secours. Mme de Rosbourg, que sa tendresse pour son mari rendait un peu craintive, était restée sur le perron avec les enfants.

On n'entendait rien, à peine quelques pas dans le sable des allées, lorsque tout à coup un éclat de voix retentit, suivi de cris, de courses précipitées; puis on n'entendit plus rien.

Les enfants étaient inquiets; Marguerite se rapprocha de sa mère.

MARGUERITE. — Maman, papa et Paul ne courent aucun danger, n'est-ce pas?

MADAME DE ROSBOURG, *avec vivacité*. — Non, non, certainement non.

MARGUERITE. — Mais alors, pourquoi votre main tremble-t-elle, maman, c'est comme si vous aviez peur?

— Ma main ne tremble pas, dit Mme de Rosbourg en retirant sa main de celle de Marguerite.

Marguerite ne dit rien, mais elle resta certaine d'avoir senti la main de sa mère trembler dans la sienne. Quelques instants après on entendit un bruit de pas, de rires comprimés, et l'on vit apparaître Paul traînant un fantôme prisonnier, que M. de Rosbourg poussait par derrière avec quelques coups de genou et de pied.

« Voici le fantôme, dit-il. Il était caché dans la haie, mais nous l'avons aperçu ; nous avons crié trop tôt, il a détalé ; Paul a bondi par-dessus la haie, l'a serré de près et l'a arrêté ; le coquin criait grâce et allait se débarrasser de son costume quand nous l'avons rejoint. Nous l'avons forcé à garder son drap pour vous en donner le spectacle. Il ne voulait pas trop avancer, mais Paul l'a traîné, moi aidant par derrière. Halte-là ! A présent, ôte ton drap, coquin, que nous reconnaissions ton nom à ton visage. » Et, comme le fantôme hésitait, M. de Rosbourg, malgré sa résistance, lui écarta les bras et arracha le drap qui couvrait toute sa personne. On reconnut avec surprise un ancien garçon meunier de Léonard.

« Pourquoi as-tu fait peur à ces femmes ? demanda M. de Rosbourg. Réponds, ou je te fais jeter dans la prison de la ville. »

— Grâce ! mon bon monsieur ! Grâce ! s'écria le garçon tremblant. Je ne recommencerai pas, je vous le promets.

— Cela ne me dit pas pourquoi tu as fait peur à ces deux femmes, reprit M. de Rosbourg. Parle, coquin, et nettement, qu'on te comprenne !

LE GARÇON. — Mon bon monsieur, je voulais emprunter quelques légumes au jardin de Relmot, et ces dames étaient sur mon chemin.

M. DE ROSBOURG. — C'est-à-dire que tu voulais voler les légumes des pauvres Relmot, et que tu as fait peur à ces femmes pour t'en débarrasser, pour faire peur aussi aux voisins et les empêcher de mettre le nez aux fenêtres.

LE GARÇON. — Grâce, mon bon monsieur, grâce !

M. DE ROSBOURG. — Pas de grâce pour les voleurs !

LE GARÇON. — Ce n'était que des légumes, mon bon monsieur.

M. DE ROSBOURG. — Après les légumes viennent les fruits, puis l'argent; on fait d'abord le fantôme, puis on égorge son monde, c'est plus sûr. Pas de grâce, coquin! Paul, appelle mon brave Normand, il va lui attacher les mains et mettre ce drôle entre les mains de ses bons amis les gendarmes.

Le voleur voulut s'échapper, mais M. de Rosbourg lui saisit le bras et le serra à le faire crier. Paul revint bientôt avec Lecomte, qui, sachant la besogne qu'il allait avoir, avait apporté une corde pour lier les mains du voleur et le mener en laisse jusqu'à la ville. Ce fut bientôt fait. Ces dames revinrent au salon; la femme de chambre et l'ouvrière restaient persuadées qu'elles avaient vu un fantôme; elles avaient entendu une voix caverneuse; elles avaient vu des yeux flamboyants, elles s'étaient senti saisir par des griffes glacées : c'était un revenant; elles n'en démordaient pas. On eut beau leur dire que c'était un voleur de légumes qui avait confessé s'être habillé en fantôme pour voler tranquillement le jardin des Relmot, que M. de Rosbourg l'avait pris, amené et envoyé en prison, on ne put jamais leur persuader que les yeux flamboyants, la voix diabolique et les griffes glacées eussent été un effet de leur frayeur.

« Je ne croyais pas que Julie fût si bête, dit Camille. Comment peut-elle croire aux fantômes? »

M. DE RUGÈS. — Il y en a bien d'autres qui y croient, et l'histoire du maréchal de Ségur en est bien une preuve.

— Quelle histoire, papa? dit Jean; je ne la connais pas.

— Oh! racontez-nous-la! s'écrièrent les enfants tous ensemble.

— Je ne demande pas mieux, si les papas et les mamans le veulent bien, répondit M. de Rugès.

— Certainement, répondit-on tout d'une voix.

On se groupa autour de M. de Rugès, qui commença ainsi :
« Je vous préviens d'abord que c'est une histoire véritable,
qui est réellement arrivée au maréchal de Ségur et qui m'a
été racontée par son fils.

» Le maréchal, à peine remis d'une blessure affreuse reçue à
la bataille de Laufeld, où il avait eu le bras emporté par un
boulet de canon, quittait encore une fois la France pour
retourner en Allemagne reprendre le commandement de sa
division. Il voyageait lentement, comme on voyageait du
temps de Louis XV ; les chemins étaient mauvais, on couchait toutes les nuits, et les auberges n'étaient pas belles,
grandes et propres comme elles le sont aujourd'hui. Un
orage affreux avait trempé hommes et chevaux, quand ils
arrivèrent un soir dans un petit village où il n'y avait qu'une
seule auberge, de misérable apparence.

« Avez-vous de quoi nous loger, l'hôtesse, moi, mes gens et
mes chevaux ? dit-il en entrant. — Ah ! monsieur, vous tom-
bez mal : l'orage a effrayé les voyageurs ; ma maison est
pleine ; toutes mes chambres sont prises. Je ne pourrais loger
que vos chevaux et vos gens. Ils coucheront ensemble sur la
paille. — Mais je ne puis pourtant pas passer la nuit dehors,
ma brave femme ! Voyez donc : il pleut à torrents. Vous
trouverez bien un coin à me donner. »

L'hôtesse parut embarrassée, hésita, tourna le coin de son
tablier, puis, levant les yeux avec une certaine crainte sur le
maréchal, elle lui dit : « Monsieur pourrait bien avoir une
bonne chambre et même tout un appartement, mais... —
Mais quoi ? reprit le maréchal, donnez-la-moi bien vite, cette
chambre, et un bon souper avec. — C'est que..., c'est que...,
je ne sais comment dire... — Dites toujours et dépêchez-
vous ! — Eh bien ! monsieur, c'est que... cette chambre est
dans la tour du vieux château ; elle est hantée ; nous n'osons
pas la donner depuis qu'il y est arrivé des malheurs. —
Quelle sottise ! Allez-vous me faire accroire qu'il y vient des

esprits ? — Tout juste, monsieur, et je serais bien fâchée qu'il arrivât malheur à un beau cavalier comme vous. — Ah bien ! si ce n'est pas autre chose qui m'empêche d'être logé, donnez-moi cette chambre : je ne crains pas les esprits ; et, quant aux hommes, j'ai mon épée, deux pistolets, et malheur à ceux qui se présenteront chez moi sans en être priés ! — En vérité, monsieur, je n'ose... — Osez donc, parbleu ! puisque je vous le demande. Voyons, en marche et lestement ! » L'hôtesse alluma un bougeoir et le remit au maréchal : « Tenez, monsieur, nous n'en aurons pas trop d'un pour chacun de nous. Si vous voulez suivre le corridor, monsieur, je vous accompagnerai bien jusque-là. — Est-ce au bout du corridor ? — Oh ! pour ça non, monsieur, grâce à Dieu ! Nous déserterions la maison si les esprits se trouvaient si près de nous ; vous prendrez la porte qui est au bout, vous descendrez quelques marches, vous suivrez le souterrain, vous remonterez quelques marches, vous pousserez une porte, vous remonterez encore, vous irez tout droit, vous redescendrez, vous...

— Ah çà ! ma bonne femme, interrompit le maréchal en riant, comment voulez-vous que je me souvienne de tout cela ? Marchez en avant pour me montrer le chemin. — Oh ! monsieur, je n'ose. — Eh bien ! à côté de moi, alors. — Ouida ! Et pour revenir toute seule, je n'oserai jamais. — Holà, Pierre, Joseph, venez par ici ! cria le maréchal, venez faire escorte à madame, qui a peur des esprits. — Faut pas en plaisanter, monsieur, dit très sérieusement l'hôtesse, il arriverait malheur. »

» Les domestiques du maréchal étaient accourus à son appel. Suivant ses ordres, ils se mirent à la droite et à la gauche de l'hôtesse, qui, rassurée par l'air intrépide de ses gardes du corps, se décida à passer devant le maréchal. Elle lui fit parcourir une longue suite de corridors, d'escaliers, et l'amena enfin dans une très grande et belle chambre, inhabitée depuis longtemps à en juger par l'odeur de moisi qu'on y sentait. L'hôtesse y entra d'un air craintif, osant à peine regarder autour d'elle ; son bougeoir tremblait dans ses mains. Elle se serait enfuie si elle avait osé parcourir seule le chemin de la tour à l'auberge. Le maréchal éleva son bougeoir, examina la chambre, en fit le tour et parut satisfait de son examen. « Apportez-moi des draps et à souper, dit-il, des bougies pour remplacer celle-ci qui va bientôt s'éteindre ; et aussi mes pistolets, Joseph, et de quoi les recharger. » Les domestiques se retirèrent pour exécuter les ordres de leur maître ; l'hôtesse les accompagna avec empressement, mais elle ne revint pas avec eux quand ils rapportèrent les armes du maréchal et tout ce qu'il avait demandé. « Et notre hôtesse, Joseph ? Elle ne vient donc pas ? J'aurais quelques questions à lui adresser ; cette tapisserie me semble curieuse. — Elle n'a jamais voulu venir, monsieur le marquis. Elle dit qu'elle a eu trop peur, qu'elle a entendu les esprits chuchoter et siffler à son oreille, dans l'escalier et dans la chambre, et qu'on la tuerait plutôt que de l'y faire rentrer. — Sotte femme ! dit le maréchal en riant. Servez-moi le souper, Joseph ; et vous, Pierre, faites mon lit et allumez les bougies. Ouvrez les fenêtres : ça sent le moisi à suffoquer. » On eut quelque peine à ouvrir les fenêtres, fermées depuis des années : il faisait humide et froid ; la cheminée était pleine de bois ; le maréchal fit allumer un bon feu, mangea avec appétit du petit salé aux choux, une salade au lard fondu, fit fermer ses croisées, examina ses pistolets, renvoya ses gens et donna l'ordre qu'on vînt l'éveiller le lendemain au petit jour, car il avait une longue journée à faire pour gagner une autre étape. Quand il fut seul, il ferma sa porte au verrou et à double tour, et fit la revue de sa chambre pour voir s'il n'y avait pas quelque autre porte masquée dans le mur, ou une trappe, un panneau à ressort, qui pût en s'ouvrant donner passage à quelqu'un : « Il ne faut, se dit-il, négliger aucune

précaution; je ne crains pas les esprits dont cette sotte
femme me menace; mais cette vieille tour, reste d'un vieux
château, pourrait bien cacher dans ses souterrains une bande
de malfaiteurs, et je ne veux pas me laisser égorger dans mon
lit comme un rat dans une souricière. » Après s'être bien
assuré par ses yeux et par ses mains qu'il n'y avait à cette
chambre d'autre entrée que la porte qu'il venait de verrouil-
ler et qui était assez solide pour soutenir un siège, le maréchal s'assit près du feu dans un bon fauteuil et se mit à lire.
Mais il sentit bientôt le sommeil le gagner; il se déshabilla,
se coucha, éteignit ses bougies, et ne tarda pas à s'endormir.
Il s'éveilla au premier coup de minuit sonné par l'horloge de
la vieille tour; il compta les coups :
« Minuit, dit-il; j'ai encore quelques heures de repos devant
moi. » Il avait à peine achevé ces mots, qu'un bruit étrange
lui fit ouvrir les yeux. Il ne put d'abord en reconnaître la
cause, puis il distingua parfaitement un son de ferraille et des
pas lourds et réguliers. Il se mit sur son séant, saisit ses
pistolets, plaça son épée à la portée de sa main et attendit.
Le bruit se rapprochait et devenait de plus en plus distinct.
Le feu à moitié éteint jetait encore assez de clarté dans la
chambre pour qu'il pût voir si quelqu'un y pénétrait; ses
yeux ne quittaient pas la porte; tout à coup, une vive lu-
mière apparut du côté opposé; le mur s'entrouvrit, un
homme de haute taille, revêtu d'une armure, tenant une
lanterne à la main, achevait de monter un escalier tournant
taillé dans le mur. Il entra dans la chambre, fixa les yeux sur
le maréchal, s'arrêta à trois pas du lit et dit : « Qui es-tu,
pour avoir eu le courage de braver ma présence? — Je suis
d'un sang qui ne connaît pas la peur. Si tu es homme, je ne
te crains pas, car j'ai mes armes, et mon Dieu qui combattra
pour moi. Si tu es un esprit, tu dois savoir qui je suis et que
je n'ai eu aucune méchante intention en venant habiter cette
chambre. — Ton courage me plaît, maréchal de Ségur; tes

armes ne te serviraient pas contre moi, mais ta foi combat pour toi. — Mon épée a plus d'une fois été teinte du sang de l'ennemi, et plus d'un a été traversé par mes balles. — Essaye, dit le chevalier : je m'offre à tes coups. Me voici à portée de tes pistolets; tire, et tu verras. — Je ne tire pas sur un homme seul et désarmé », répondit le maréchal. Pour toute réponse, le chevalier tira un long poignard de son sein et, approchant du maréchal, lui en fit sentir la pointe sur la poitrine. Devant un danger si pressant, le maréchal ne pouvait plus user de générosité; son pistolet était armé, il tira : la balle traversa le corps du chevalier et alla s'aplatir contre le mur en face. Mais le chevalier ne tombait pas, il continuait son sourire et le maréchal sentait toujours la pointe du poignard appuyée contre sa poitrine. Il n'y avait pas un moment à perdre; il tira son second pistolet : la balle traversa également la poitrine du chevalier et alla, comme la première, s'aplatir contre le mur en face. Le chevalier ne bougea pas : seulement son sourire se changea en un rire caverneux, et son poignard piqua assez fortement la poitrine du maréchal. Celui-ci saisit son épée et en donna plusieurs coups dans la poitrine, le cœur, la tête du chevalier. L'épée entrait jusqu'à la garde et sans résistance, mais le chevalier ne tombait pas et riait toujours. « Je me rends, dit enfin le maréchal, je te reconnais esprit, pur esprit, contre lequel ma main et mon épée sont également impuissantes. Que veux-tu de moi? Parle. — Obéiras-tu? — J'obéirai, si tu ne me demandes rien de contraire à la loi de Dieu. — Oserais-tu me braver en me désobéissant? Ne craindrais-tu pas ma colère? — Je ne crains que Dieu, qui est mon maître et le tien. — Je puis te tuer. — Tue-moi! si Dieu te donne pouvoir sur mon corps, il ne t'en donne pas sur mon âme, que je remets entre ses mains. » Et le maréchal ferma les yeux, fit un signe de croix et baisa l'étoile du Saint-Esprit qu'il portait toujours sur lui en qualité de grand cordon de l'ordre. Ne sentant plus le poignard sur sa poitrine, il ouvrit les yeux et vit avec surprise le chevalier qui, les bras croisés, le regardait avec un sourire bienveillant. « Tu es un vrai brave, lui dit-il, un vrai soldat de Dieu, mon maître et le tien, comme tu as si bien dit tout à l'heure. Je veux récompenser ton courage en te faisant maître d'un trésor qui m'a appartenu et dont personne ne connaît l'existence. Suis-moi. L'oseras-tu ? » Le maréchal ne répondit qu'en sautant à bas de son lit et revêtant ses habits. Le chevalier le regardait faire en souriant. « Prends ton épée, dit-il, cette noble épée teinte du sang des ennemis de la France. Maintenant, suis-moi sans regarder derrière toi, sans répondre aux voix qui te parleront. Si un danger te menace, fais le signe de la croix sans parler. Viens, suis-moi ! » Et le chevalier se dirigea vers le mur entrouvert, descendit un escalier qui tournait, tournait toujours. Le maréchal le suivait pas à pas, sans regarder derrière lui, sans répondre aux paroles qu'il entendait chuchoter à son oreille. « Prends garde, lui disait une voix douce, tu suis le diable ; il te mène en enfer. — Retourne-toi, lui disait une autre voix, tu verras un abîme derrière toi ; tu ne pourras plus revenir sur tes pas. — N'écoute pas ce séducteur, disait une voix tremblante, il veut acheter ton âme avec le trésor qu'il te promet. » Le maréchal marchait toujours. De temps à autre il voyait, entre lui et le chevalier, la pointe d'un poignard, puis des flammes, puis des griffes prêtes à le déchirer : un signe de croix le débarrassait de ces visions. Le chevalier allait toujours ; depuis une heure il descendait, lorsque enfin ils se trouvèrent dans un vaste caveau entièrement dallé de pierres noires ; chaque pierre avait un anneau ; toutes étaient exactement pareilles. Le chevalier passa sur toutes ces dalles, et s'arrêtant sur l'une d'elles : « Voici la pierre qui recouvre mon trésor, dit-il ; tu y trouveras de l'or de quoi te faire une fortune royale, et des pierres précieuses d'une beauté inconnue au monde civilisé.

Je te donne mon trésor, mais tu ne pourras lever la dalle que de minuit à deux heures. Prie pour l'âme de ton aïeul, Louis-François de Ségur. Garde-toi de toucher aux autres dalles, qui recouvrent des trésors appartenant à d'autres familles. A peine soulèverais-tu une de ces pierres, que tu serais saisi et étouffé par l'esprit propriétaire de ce trésor. Pour reconnaître ma dalle et emporter ce qu'elle recouvre, il faut... » Le chevalier ne put achever. L'horloge sonna deux heures : un bruit semblable au tonnerre se fit entendre, les esprits disparurent tous et le chevalier avec eux. Le maréchal resta seul; la lanterne du chevalier était heureusement restée à terre. « Comment reconnaîtrai-je ma dalle ? dit le maréchal; je ne puis l'ouvrir maintenant, puisque deux heures sont sonnées. Si j'avais emporté ma tabatière ou quelque objet pour le poser dessus ! » Pendant qu'il réfléchissait, il ressentit de cruelles douleurs d'entrailles, résultat du saisissement causé par la visite du chevalier. Le maréchal se prit à rire : « C'est mon bon ange, dit-il, qui m'envoie le moyen de déposer un souvenir sur cette dalle précieuse. Quand j'y viendrai demain, je ne pourrai la méconnaître... » Aussitôt dit, aussitôt fait, poursuivit M. de Rugès en riant. Le maréchal ne commença à remonter l'escalier qu'après s'être assuré de retrouver sa pierre entre mille. Il monta, monta longtemps; enfin il arriva au haut de cet interminable escalier; à la dernière marche la lanterne échappa de ses mains et roula jusqu'en bas. Le maréchal ne s'amusa pas à courir après. Il rentra dans sa chambre, repoussa soigneusement le mur, non sans avoir bien examiné le ressort et s'être assuré qu'il pouvait facilement l'ouvrir et le fermer. Après s'y être exercé plusieurs fois, et après avoir fait avec son épée une marque pour reconnaître la place, il allait se recoucher, lorsqu'il entendit frapper à la porte. C'était le valet de chambre qui venait l'éveiller. « Je vais ouvrir ! » s'écria-t-il. Sa propre voix l'éveilla. Sa surprise fut grande de se retrouver dans son lit.

Il examina ses pistolets : ils étaient chargés et posés près de lui comme lorsqu'il s'était endormi la veille, de même que son épée. Il se sentit mal à l'aise dans son lit : il se leva. Fantôme, trésor, tout était un rêve, excepté le souvenir qu'il avait cru laisser sur la dalle et que ses draps avaient reçu. N'en pouvant croire le témoignage de ses sens, il examina le mur percé de ses deux balles : point de balles, point de traces ; il chercha la place du passage mystérieux, de la marque faite avec son épée : il ne trouva rien. « J'ai décidément rêvé, dit-il, c'est dommage ! Le trésor aurait bien fait à ma fortune ébréchée par mes campagnes. Et que vais-je faire de mes draps ? dit-il en riant. Je mourrais de honte devant cette hôtesse... Ah ! une idée ! un bon feu fera justice de tout. Je dirai à l'hôtesse que les esprits ont emporté ses draps, et je lui en payerai dix pour la faire taire. »

» Le maréchal ranima son feu qui brûlait encore, y jeta les draps, et n'ouvrit sa porte que lorsqu'ils furent entièrement consumés.

« L'honneur est sauf, dit le maréchal ; en avant les revenants ! »

— Comment monsieur le marquis a-t-il dormi ? demanda l'hôtesse, qui accompagnait les domestiques du maréchal.

» — Pas mal, pas mal, ma bonne femme ; j'ai seulement été ennuyé par les esprits, qui m'ont tiraillé, turlupiné, jusqu'à ce qu'ils se soient emparés de mes draps. Voyez, ils les ont emportés ; ils n'en ont point laissé seulement un morceau.

— C'est, ma foi, vrai ! s'écria la maîtresse désolée. J'avais bien dit qu'il arriverait malheur. Mes pauvres draps ! Mes plus fins, mes plus neufs encore !

» — Eh bien ! ma bonne femme, reprit le maréchal en riant, vous pourrez toujours dire avec vérité que vous m'avez mis dans de beaux draps et pour vous faire dire plus vrai encore, au lieu de deux, je vous en rendrai dix, puisque c'est grâce à mon obstination que vous les avez perdus. Combien valaient vos draps ?

— Quatre écus (1), monsieur le marquis, aussi vrai qu'il y a des esprits dans cette tour de malheur.

» — Eh bien ! en voici vingt : cela vous fait vos cinq paires ou vos dix draps. Et maintenant à déjeuner, et bonsoir !

» L'hôtesse fit révérence sur révérence, et courut chercher le déjeuner du maréchal. La voyant revenir toute seule : « Vous n'avez donc plus peur des esprits, lui dit-il, que vous allez et venez ainsi sans escorte ? — Oh ! monsieur, tant qu'il fait jour, il n'y a pas de danger ; ce n'est qu'aux approches de minuit. »

» Le maréchal paya généreusement sa dépense et celle de ses gens, et laissa l'hôtesse plus persuadée que jamais de la présence des esprits dans la tour du vieux château. Depuis ce jour, elle invoquait toujours le nom du maréchal de Ségur pour convaincre les incrédules du danger d'habiter la tour ; et voilà comme se font toutes les histoires de revenants ! »

Les enfants remercièrent beaucoup M. de Rugès de cette histoire qui les avait vivement intéressés.

« Moi, dit Jacques, je suis fâché que le maréchal n'ait pas vu le fantôme tout de bon. »

— Pourquoi donc ? dit son père.

JACQUES. — Parce qu'il avait bien répondu au chevalier. J'aime ses réponses, elles sont très courageuses.

MARGUERITE. — J'aurais eu joliment peur, à sa place, quand les balles n'ont pas tué le chevalier.

LÉON. — Tu aurais eu peur, parce que tu es une fille, mais je suis bien sûr que Paul n'aurait pas eu peur.

PAUL. — Je crois, au contraire, que j'aurais eu très peur. Il n'y a plus de défense possible contre un esprit que les balles ni l'épée ne peuvent mettre en fuite.

---

(1) Un écu valait trois francs-or.

M. DE ROSBOURG. — Il y a toujours l'éternelle défense de la prière à Dieu.

JEAN. — C'est vrai, mais c'est la seule.

M. DE ROSBOURG. — Et la seule toute-puissante, mon ami; cette arme-là, dans certaines occasions, est plus forte que le fer et le feu.

SOPHIE. — Comme c'était drôle, quand le maréchal s'est éveillé.

CAMILLE. — Il s'est tiré d'embarras avec esprit, tout de même.

MADELEINE. — Seulement, je trouve qu'il a eu tort de laisser croire à l'hôtesse que ses draps avaient été emportés par les esprits.

M. DE TRAYPI. — Que veux-tu? A ce prix seulement son honneur était sauf, comme il l'a dit lui-même.

MADAME DE FLEURVILLE. — Au risque d'être toujours la mère Rabat-joie, je rappelle que l'heure du coucher est plus que passée.

— Vous avez raison aujourd'hui comme toujours, chère Madame, dit M. de Rosbourg en posant à terre sa petite Marguerite, assise sur ses genoux. Va, chère enfant, embrasser ta maman et tes amis.

Marguerite obéit sans répliquer.

« Maintenant à l'ordre de mon commandant! dit M. de Rosbourg en emportant Marguerite. C'est ma récompense de tous les soirs : obéir à l'ordre de ma petite Marguerite, la coucher et être le dernier à l'embrasser. »

— Vous ne pleurez plus, papa, tout de même. Vous avez l'air si heureux, si heureux, tout comme Paul! dit Marguerite en l'embrassant.

Elle continua son petit babil, qui enchantait M. de

Rosbourg, jusqu'au moment de la prière et du coucher. Quand elle fut dans son lit : « Je vous en prie, papa, dit-elle, restez là jusqu'à ce que je sois endormie. Quand je m'endors avec ma main dans la vôtre, je rêve à vous ; et alors je ne vous quitte pas, même la nuit. »

M. de Rosbourg se sentait toujours doucement ému de ces sentiments si tendres que lui exprimait Marguerite ; il était lui-même trop heureux de voir et de tenir son enfant, pour lui enlever cette jouissance dont il avait été privé si longtemps. Aussi, devant cette tendresse extrême, devant l'affection si vive de sa femme, devant la tendresse passionnée et dévouée de Paul, il ne se sentait plus le courage de continuer sa carrière de marin, et de jour en jour il se fortifiait dans la pensée de quitter le service actif et de vivre pour ceux qu'il aimait. L'éducation de ses enfants, l'amélioration du village occuperaient suffisamment son temps.

les tourne-boule et l'idiot

Les vacances étaient bien avancées; un grand mois s'était écoulé depuis l'arrivée des cousins; mais les enfants avaient encore trois semaines devant eux, et ils ne s'attristaient pas si longtemps d'avance à la pensée de la séparation. Léon s'améliorait de jour en jour; non seulement il cherchait à vaincre son caractère envieux, emporté et moqueur, mais il essayait encore de se donner du courage. Son nouvel ami Paul avait gagné sa confiance par sa franche bonté et son indulgence; il avait osé lui avouer sa poltronnerie.

« Ce n'est pas ma faute, lui dit-il tristement; mon premier mouvement est d'avoir peur et d'éviter le danger; je ne peux pas m'en empêcher. Je t'assure, Paul, que bien des fois j'en ai été honteux au point d'en pleurer en cachette; je me suis dit cent fois qu'à la prochaine occasion je serais brave; pour tâcher de le devenir, je me faisais brave en paroles. J'ai beau faire, je sens que je suis et serai toujours poltron. »

Il avait l'air si triste et si honteux en faisant cet aveu, que Paul en fut touché.

« Mon pauvre ami, lui dit-il (il appuya sur *ami*), je trouve au contraire qu'il faut un grand courage pour dire, même à un ami, ce que tu viens de me confier. Au fond, tu es tout aussi brave que moi!

Léon relève la tête avec surprise.

Seulement tu n'as pas eu occasion d'exercer ton courage avec prudence. Tu es entouré de cousines et d'amis plus jeunes que toi; tu t'es trouvé dans des moments de danger, plus ou moins grand, avec la certitude que tu n'avais ni la force ni les moyens de t'en préserver; alors tu as tout naturellement pris l'habitude de fuir le danger et de croire que tu ne peux pas faire autrement. »

LÉON. — Mais pourtant, Paul, toi, je te vois courir en avant dans bien des occasions où je me serais sauvé.

PAUL. — Moi, c'est autre chose; j'ai passé cinq années entouré de dangers et avec l'homme le plus courageux, le plus déterminé que je connaisse; il m'a habitué à ne rien craindre. Mais moi-même, que tu cites comme exemple, c'est par habitude que je suis courageux, et cette habitude, je l'ai prise parce que je me sentais toujours en sûreté sous la protection de mon père. Marchons ensemble à la première occasion, et tu verras que tu feras tout comme moi.

— J'en doute, reprit Léon; en tout cas, je tâcherai. Je te remercie de m'avoir remonté dans ma propre estime; j'étais honteux de moi-même.

— A l'avenir, tu seras content, tu verras, dit Paul en lui serrant affectueusement la main.

Léon rentra tout joyeux pour travailler; Paul monta chez M. de Rosbourg, qui lui dit en souriant :

« Mon cher Paul, puisque te voilà, causons donc ensemble de ton avenir. Y as-tu pensé quelquefois? »

PAUL. — Non, mon père, je vous en ai laissé le soin; je sais que vous arrangerez tout pour mon plus grand bien.

M. de Rosbourg attira Paul vers lui et le baisa au front.

M. DE ROSBOURG. — J'y ai pensé, moi, et j'ai arrangé ta vie de manière à ne pas la séparer de la mienne...

PAUL, *s'écriant et sautant de joie.* — Merci, merci, mon père, mon bon père. Que vous êtes bon! je vais aller le dire à Marguerite.

M. DE ROSBOURG, *riant.* — Mais attends donc, nigaud; que lui diras-tu? Tu ne sais rien encore!

PAUL. — Je sais tout, puisque je sais que je resterai toujours près de vous, près de ma mère et de Marguerite.

M. DE ROSBOURG. — Tiens, tiens, comme tu as vite arrangé cela, toi! Et ma carrière, la marine? qu'en fais-tu?

PAUL, *étonné*. — Votre carrière? est-ce que...? est-ce que vous retourneriez encore en mer?

M. DE ROSBOURG. — Et si j'y retournais, est-ce que tu ne m'y suivrais pas? ou bien aimerais-tu mieux achever ton éducation ici, avec ta mère et ta sœur?

— Avec vous, mon père, avec vous partout et toujours, s'écria Paul en se jetant dans les bras de M. de Rosbourg.
— J'en étais bien sûr, dit M. de Rosbourg en le serrant contre son cœur et en l'embrassant. Tu serais aussi malheureux séparé de moi que je le serais de ne plus t'avoir, mon fils, mon compagnon d'exil et de souffrance. Mais sois tranquille; quand je m'y mets, les choses s'arrangent mieux que cela. Voici ce que j'ai décidé. J'envoie ma démission au Ministre; nous vivrons tous ensemble; tu n'auras d'autre maître, d'autre ami que moi, et nous emploierons nos heures de loisir à améliorer l'état de nos bons villageois et la culture de nos fermes : vie de propriétaire normand. Nous élèverons des chevaux, nous cultiverons nos terres et nous ferons du bien en nous amusant, en nous instruisant et en améliorant tout autour de nous.
Paul était si heureux de ce projet, qu'il ne put d'abord autrement exprimer sa joie qu'en serrant et baisant les mains de son père. Il demanda la permission de l'aller annoncer à Mme de Rosbourg et à Marguerite.

M. DE ROSBOURG. — Ma femme le sait; je pense tout haut avec elle; c'est à nous deux que nous avons arrangé notre vie; mais nous avons voulu te laisser le plaisir d'annoncer cette heureuse nouvelle à ma petite Marguerite. Va, mon ami, et reviens ensuite; nous avons bien des choses à régler pour l'emploi de nos journées.

Paul partit comme une flèche; il courut aux cabanes; il y trouva Marguerite qui lisait avec Sophie et Jacques.

PAUL. — Marguerite, Marguerite, nous restons; je ne te quitterai jamais. Mon père ne s'en ira plus; nous travaillerons ensemble; nous aurons une ferme; nous serons si heureux, si heureux, que nous rendrons heureux tous ceux qui nous entourent.

— Ah çà! tu es fou, dit Sophie, en se dégageant des bras de Paul, qui, après Marguerite, l'étouffait à force de l'embrasser. Qu'est-ce que tu nous racontes de travail, de ferme, de je ne sais quoi?

— Oh! moi, je comprends, dit doucement Marguerite en rendant à Paul ses baisers. Papa ne sera plus marin; lui et Paul resteront avec nous; c'est papa qui sera notre maître. C'est cela, n'est-ce pas, Paul?

PAUL. — Oui, oui, ton cœur a deviné, ma petite sœur chérie.

— Et moi donc! qu'est-ce que je deviens dans tout cela? demanda Sophie. C'est joli, monsieur, de m'oublier dans un pareil moment!

PAUL. — Tiens! je peux bien t'avoir oubliée un instant, toi qui m'as oublié pendant cinq ans.

SOPHIE. — Oh! mais moi, j'étais petite!

PAUL. — Et moi, je suis grand. Voilà pourquoi je comprends le bonheur de vivre près de mon père et d'être élevé par lui.

MARGUERITE. — Mais pourquoi donc nous quitterais-tu, Sophie? nous vivrons tous ensemble comme avant.

SOPHIE. — Je crois que c'est impossible. Ton père voudra être chez lui.

MARGUERITE. — Eh bien! nous t'emmènerons.

SOPHIE. — C'est impossible. Je gênerai là-bas; je ne gêne pas ici. M. de Fleurville est pour moi ce que ton papa est pour

Paul; Camille et Madeleine sont pour moi ce que tu es pour Paul. Je resterai.

JACQUES. — Et moi, je ne suis donc rien du tout, qu'on ne me regarde seulement pas.

PAUL. — Tu es un ancien ami de Marguerite. Je te connais assez pour savoir que tu seras toujours le mien. Mais toi, Jacques, tu vis avec ton papa et ta maman qui t'aiment; tu n'as pas d'inquiétude à avoir sur ton bonheur, et je suis sûr que tu partages le mien.

JACQUES. — Oh! oui, j'ai le cœur content comme si c'était pour moi. Je sais que je te verrai autant que si vous restiez tous ensemble : ainsi moi je n'ai qu'à me réjouir.

Marguerite embrassa Jacques et courut bien vite chez son papa, auquel elle témoigna sa joie avec une tendresse dont il fut profondément touché. Pendant ce temps, Paul avait couru remercier Mme de Rosbourg, qu'il trouva aussi heureuse qu'il l'était lui-même. Elle lui dit qu'ils venaient d'acheter un château et une terre magnifique qui n'était qu'à une lieue de Fleurville, et qui appartenait à des voisins qu'on ne voyait jamais, tant ils étaient ridicules, fiers et vulgaires; qu'après les vacances ils iraient s'établir dans ce château; que Sophie resterait chez Mme de Fleurville, et qu'au reste M. de Rosbourg achèterait à Paris un hôtel où ils logeraient tous ensemble pendant l'hiver. Paul en fut content pour Sophie et pour Marguerite qui, de cette manière, quitterait le moins possible ses amies.

... Peu de temps après, on vit arriver une voiture élégante; les enfants se mirent aux fenêtres et virent avec surprise descendre de voiture d'abord un gros petit monsieur d'une cinquantaine d'années, puis une dame magnifiquement vêtue et enfin une petite fille de douze ans environ, habillée comme pour aller au bal : robe de gaze à volants et rubans, fleurs dans les cheveux, le cou et les bras nus et couverts de colliers et de bracelets.

Les enfants se regardèrent avec stupéfaction.

« Qu'est-ce que c'est que cela ? » s'écria Paul.

— Je n'ai jamais vu ces figures-là, dit Camille.

— C'est peut-être les ridicules voisins du château vendu, dit Madeleine.

— Comment s'appellent ces originaux ? dit Jean.

— Ce doivent être les Tourne-Boule, dit Sophie.

— Ceux qui ont vendu leur château à papa ? demanda Marguerite.

CAMILLE. — Ton papa a acheté leur château ?

MARGUERITE. — Oui, il vient de me le dire.

MADELEINE. — Mais que viennent-ils faire ici ?

JEAN. — Faire connaissance en même temps qu'ils font leurs adieux, probablement.

LÉON. — On n'a jamais voulu les recevoir ici ; ils sont fiers, sots et méchants.

JEAN. — C'est pour cela qu'ils viennent sans être priés ; quittant le pays, ils sont toujours sûrs d'être bien reçus ; on dit que le père a été marmiton.

PAUL. — Que la toilette de cette petite est ridicule !

CAMILLE. — Descendons pour la recevoir ; il le faut bien.

MADELEINE. — Comme c'est assommant !

PAUL. — Nous irons tous avec vous : de cette façon ce sera moins ennuyeux.

CAMILLE. — Merci, Paul ; j'accepte avec plaisir.

JEAN. — Quelle foule nous allons faire ! la pauvre fille ne saura auquel entendre : entrons et défilons deux à deux, comme pour une princesse.

Et tous les enfants, étant convenus de faire des révérences solennelles, firent leur entrée au salon marchant deux à deux. C'était une petite malice à l'intention des toilettes et de la mère et de la fille.

Camille et Léon se donnant la main avancèrent, saluèrent et allèrent se ranger pour laisser passer Madeleine et Paul, qui en firent autant, ensuite Sophie et Jean, auxquels succédèrent Marguerite et Jacques. M. de Rosbourg regardait d'un air surpris tous les enfants défiler et saluer ; il sourit au premier couple, rit au second, se mordit les lèvres au troisième, et se sauva pour rire à l'aise au quatrième. Mlle Yolande Tourne-Boule parut ravie de cet accueil solennel ; elle crut avoir inspiré le respect et la crainte et rendit les saluts par des révérences de théâtre accompagnées d'un geste protecteur de la main ; elle traversa ensuite le salon et alla se placer devant les enfants qui s'étaient groupés au fond.

« Je suis très satisfaite, messieurs et mesdemoiselles, dit-elle, de vous connaître avant de quitter le pays ; j'espère que vous viendrez me voir à Paris, à l'hôtel Tourne-Boule, qui est à mon père, et qui est un des plus beaux hôtels de Paris. Je vous ferai inviter aux soirées et aux bals que ma mère compte y donner. Et même, pour ne vous laisser aucune inquiétude à ce sujet, je vous engage, monsieur *(s'adressant à Paul),* pour la première valse, et vous, monsieur *(s'adressant à Jean),* pour la première polka, et monsieur *(s'adressant à Léon),* pour la première contredanse. »

PAUL. — Je suis désolé, mademoiselle, de ne pouvoir accepter cet honneur, mais je ne valse pas ; je ne connais que la danse des sauvages qui ne vous serait peut-être pas agréable à danser.

JEAN. — Moi aussi, mademoiselle, de même que mon ami Paul, je suis désolé de refuser polka et bal ; mais, en fait

Je suis très satisfaite de vous connaître...

d'exercice de ce genre, je ne sais que battre la semelle, et je n'oserais vous proposer ce passe-temps agréable, mais peu gracieux.

LÉON. — J'accepterais bien volontiers votre contredanse, mademoiselle, mais je serai au collège au moment où vous la danserez, les ronflements de mes camarades remplaçant la musique de votre orchestre.

— Alors, messieurs, dit Mlle Yolande d'un air hautain, je retire mes invitations.

PAUL. — Vous êtes mille fois trop bonne, mademoiselle.

JEAN. — Veuillez croire à ma reconnaissance, mademoiselle.

LÉON. — Vous me voyez confus de vos bontés, mademoiselle.

— C'est bien, c'est bien, messieurs, dit Mlle Yolande avec un sourire gracieux. Je verrai à vous recevoir autrement qu'au bal. Mesdemoiselles de Fleurville, on m'a parlé de charmants chalets que vous avez fait construire ; ne pourrais-je les voir ?

MARGUERITE. — Vous voulez dire les cabanes que nous avons faites nous-mêmes avec nos cousins et nos amis ? Paul nous a fait une jolie hutte de sauvage.

— Qui est cette petite ? dit Mlle Yolande d'un air dédaigneux.

PAUL, *avec indignation*. — Cette *petite* est Mlle Marguerite de Rosbourg, ma sœur et mon amie.

MADEMOISELLE YOLANDE. — Ah !... qu'est-ce que c'est que ça, Rosbourg ?

PAUL, *très vivement*. — Quand on parle de M. de Rosbourg, on en parle avec respect, mademoiselle. M. de Rosbourg est un brave capitaine de vaisseau, et personne n'en parlera légèrement devant moi. Entendez-vous, mademoiselle Tourne-Broche ?

MADEMOISELLE YOLANDE, *avec dignité*. — Tourne-Boule, monsieur.

PAUL. — Tourne-Boule, Tourne-Broche : c'est tout un. Laissez-nous tranquilles avec vos airs.

— Paul, dit M. de Rosbourg qui s'était approché, tu oublies que mademoiselle est en visite ici.

PAUL. — Eh! mon père, c'est mademoiselle qui oublie qu'elle est en visite chez nous et qu'elle n'a pas le droit de faire l'impertinente ni la princesse; je ne lui permettrai jamais de parler de vous comme elle l'a fait.

M. DE ROSBOURG. — Mon pauvre enfant, que nous importe? Sait-elle ce qu'elle dit seulement? Voyons, au lieu de rester au salon, allez tous vous promener : la connaissance se fera mieux dehors que dedans.

Camille et Madeleine proposèrent avec empressement à Mlle Yolande d'aller voir leur petit jardin. Elle y consentit. On se mit en route; Mlle Yolande marchait majestueusement, poussant de temps en temps un cri lorsqu'elle posait le pied sur une pierre ou quand elle apercevait soit une grenouille, soit un ver ou d'autres insectes tout aussi innocents. Voyant que ses cris n'attiraient l'attention de personne, elle ne pensa plus à faire l'effrayée et l'on arriva au jardin.

« Ce ne sont pas des chalets », dit-elle avec dédain en regardant la cabane.

CAMILLE. — Ce ne sont que des maisonnettes bâties par nous-mêmes, comme vous l'a dit Marguerite.

MADEMOISELLE YOLANDE. — Vous vous êtes donné la peine de faire vous-mêmes un aussi sale ouvrage? Chez mon père j'ai des ouvriers qui font tout ce que je leur commande.

MADELEINE. — C'est pour nous amuser que nous les avons bâties, et nous les aimons beaucoup plus que si on nous les avait faites.

MADEMOISELLE YOLANDE. — Peut-on y entrer?

CAMILLE. — Certainement; voici la mienne et celle de Madeleine et de Léon.

MADELEINE. — Voici celle de Sophie et de Jean, et voici enfin celle de Paul, de Marguerite et de Jacques.

MADEMOISELLE YOLANDE. — Quelle horreur de meubles! Ah Dieu! comment supportez-vous cela? J'aurais tout jeté au feu si on m'avait donné une pareille friperie!

MARGUERITE. — Nous, qui ne sommes pas des Tourne-Boule, nous nous trouvons bien ici, dans notre hutte de sauvage.

MADEMOISELLE YOLANDE. — Ah!... c'est une hutte de sauvage? Comment avez-vous eu ce bel échantillon d'architecture?

MARGUERITE. — C'est Paul qui l'a bâtie; il a été cinq ans chez des sauvages.

MADEMOISELLE YOLANDE, *avec dédain*. — On le voit bien.

MARGUERITE. — Est-ce parce qu'il a refusé vos bals et vos valses?

MADEMOISELLE YOLANDE. — Parce qu'il ne sait pas les usages du monde.

MARGUERITE. — Cela dépend de quel monde, mademoiselle; si c'est du vôtre, c'est possible; aucun de nous n'y a jamais été; mais, si c'est du monde poli, bien élevé, comme il faut, il en connaît les usages, aussi bien que mes amies, leurs parents et les nôtres.

MADEMOISELLE YOLANDE. — Mademoiselle... Marguerite, je crois, sachez que les Tourne-Boule sont nobles et puissants seigneurs, et que leurs armes...

MARGUERITE. — Sont un tourne-broche, nous le savons bien...

MADEMOISELLE YOLANDE. — Mademoiselle, vous êtes une petite insolente...

— Pas un mot de plus! cria Paul d'une voix impérieuse. Silence! ou je vous ramène à vos parents de gré ou de force... Viens, petite sœur, ajouta-t-il d'une voix calme, laissons cette petite qui veut faire la grande; viens avec moi, Sophie et... avec qui encore? dit-il en se retournant vers les autres. Jean et Jacques répondirent ensemble : « Et avec nous. » Léon fit signe qu'il restait pour protéger ses pauvres cousines Camille et Madeleine obligées par politesse de rester près de Mlle Yolande. Elle leur parla tout le temps des richesses de son père, de sa puissance, de ses relations.
A Paris il ne voyait que des ducs, des princes, des marquis et, par condescendance, quelques comtes d'illustres familles. Elle parla de ses toilettes, de ses dépenses...
« Papa me donne tout ce que je veux, dit-elle. La toilette que vous me voyez n'est rien auprès de celles que j'ai à Paris; Maman a tous les jours une robe neuve; elle dépense cinquante mille francs par an pour sa toilette. »
— Cinquante mille francs! s'écria Camille, mais combien donne-t-elle donc aux pauvres alors?
— Aux pauvres! ha! ha! aux pauvres! en voilà une drôle d'idée! répondit Mlle Yolande riant aux éclats. Comme si l'on donnait aux pauvres! Mais les pauvres n'ont besoin ni de robes ni de diamants. Puisqu'ils sont pauvres, c'est qu'ils n'ont besoin de rien. Leurs haillons et une vieille croûte, c'est tout ce qu'il faut.

CAMILLE. — Mais encore faut-il le leur donner, mademoiselle. Pendant que vous avez cinquante robes inutiles, il y a près de chez vous de pauvres familles qui sont nues; pendant que vous avez dix plats à votre dîner, ces mêmes pauvres n'ont pas seulement la croûte de pain dont vous parliez tout à l'heure.

MADEMOISELLE YOLANDE. — Laissez donc! Ce sont de mauvais sujets, des paresseux; ils n'ont besoin de rien.

MADELEINE. — Camille, je ne veux pas entendre cela, c'est trop fort; je vais rejoindre nos amis.

LÉON. — Va, Madeleine : je reste avec la pauvre Camille.

MADEMOISELLE YOLANDE. — Pauvre! vous la trouvez donc bien malheureuse de rester avec moi, monsieur? Pourquoi y restez-vous vous-même?

LÉON. — Ce n'est pas avec vous que je reste, mademoiselle : c'est avec la *pauvre* Camille.

MADEMOISELLE YOLANDE. — Encore?

LÉON. — Encore et toujours tant que vous serez là, mademoiselle, quoiqu'il fût plus juste de vous appeler *pauvre,* vous, toute riche que vous êtes.

MADEMOISELLE YOLANDE. — Ce serait assez drôle, en effet. Moi, pauvre! avec trois cent mille francs de rente? Ha! ha! ha!

CAMILLE. — Ne riez pas, ma pauvre demoiselle; ne riez pas! Vous êtes en effet à plaindre. Léon a raison : vous êtes pauvre de bonté, pauvre de charité, pauvre d'humilité, pauvre de raison et de sagesse. Vous voyez bien que vous n'avez pas la vraie richesse, et que, si vous perdiez votre fortune, il ne vous resterait plus rien.

MADEMOISELLE YOLANDE. — Prrrr! quel sermon! Ah çà! mais vous êtes une famille de prêcheurs vertueux, ici. On nous avait bien dit que votre mère était une folle, ainsi que...

CAMILLE. — A mon tour de vous répéter : « C'est trop fort, mademoiselle. » Je ne souffre pas qu'on injurie maman. Viens, Léon, allons rejoindre nos amis; que mademoiselle devienne ce qu'elle pourra avec ses brodequins de satin rose et sa robe de gaze.

Et, prenant la main de Léon, elle s'enfuit en courant, laissant Mlle Yolande dans une colère d'autant plus furieuse qu'elle ne pouvait exercer aucune vengeance. Elle se dirigea vers le château et rentra au moment où son père venait de conclure un second marché avec M. de Rosbourg pour son hôtel à Paris, qu'il lui vendait tout meublé à peine le tiers de ce qu'il lui avait coûté. M. de Rosbourg offrait de l'argent comptant : M. Tourne-Boule, criblé de dettes malgré sa fortune, en avait besoin. Une heure après, un troisième marché était conclu. M. de Rosbourg achetait au nom de Paul d'Aubert, dont il s'était fait nommer tuteur, des forêts attenantes aux châteaux et aux fermes, et qui rapportaient plus de cent mille francs.

« Ainsi, demain, lui dit-il, j'irai signer les actes que vous allez faire préparer, et vous porter une lettre pour mon banquier. »

M. TOURNE-BOULE. — Oui, c'est convenu ; mon hôtel, ma terre et la forêt.

— Comment père, votre hôtel ? dit Mlle Yolande ; et où logerons-nous ?

M. TOURNE-BOULE. — Nous passerons l'hiver en Italie, Yolande.

MADEMOISELLE YOLANDE. — Est-ce que vous le saviez, mère ?

— Je le savais, ma fille, répondit majestueusement Mme Tourne-Boule.

MADEMOISELLE YOLANDE. — Et tous vos bijoux, qu'en ferez-vous ?

MADAME TOURNE-BOULE. — Je ne les ai plus, ma fille ; je viens de les vendre à Mme de Fleurville et à Mme de Rosbourg pour Mlle Sophie de Réan dite Fichini et pour Mlle Marguerite de Rosbourg.

MADEMOISELLE YOLANDE. — Mais vous en aviez tant !

MADAME TOURNE-BOULE. — J'ai tout vendu, ma fille.

MADEMOISELLE YOLANDE. — Oh! là là! oh! là là! mes colliers, mes bracelets, mes chaînes, mes broches! je n'aurai plus rien! je serai donc comme une pauvresse?

MADAME TOURNE-BOULE. — J'en achèterai d'autres, ma fille. J'ai besoin d'argent pour payer mes fournisseurs, qui menacent. Je te permets de vendre aussi toute ta défroque; tu feras ce que tu voudras de l'argent que tu en auras. Mais, pardon mesdames, dit-elle en se tournant vers ces dames qui riaient sous cape, je vous ennuie peut-être avec ces détails d'intérieur?

— Du tout, madame, répondit Mme de Fleurville en riant; cela nous amuse beaucoup au contraire.

Les affaires étant terminées, M., Mme et Mlle Tourne-Boule prirent congé de ces dames et montèrent en voiture. M. de Rosbourg ayant vanté la beauté des chevaux et l'élégance de la calèche :

« Je vous les vends, dit M. Tourne-Boule, qui avait le pied sur le marchepied de la voiture, je vous vends le tout quatre mille francs; je les ai payés douze mille francs, il y a un mois. »

— C'est fait, dit M. de Rosbourg; j'achète. A demain.

— Quel drôle d'original! dit M. de Rosbourg à ses amis quand les Tourne-Boule furent partis. Il est fou de vendre ainsi à perte. Les terres du château valent plus de cinquante mille francs de revenu, et la forêt de Paul vaut plus de cent mille francs. Quant à l'hôtel de Paris, il vaut un million et demi, meublé comme il est. J'espère bien que nous y passerons l'hiver ensemble, chère et excellente amie, dit-il à Mme de Fleurville en lui baisant la main. Je me reprochais presque mon retour, si je vous séparais d'avec ma femme et Marguerite d'avec vos filles.

MADAME DE FLEURVILLE. — Je l'ai promis et je ne m'en dédis pas, mon ami; c'est un grand bonheur pour moi que cette vie commune avec vous et les vôtres. Quand vous partirez, je partirai; quand vous reviendrez, je reviendrai. Mais où sont les enfants? comment ont-ils laissé Mlle Yolande toute seule?

M. DE ROSBOURG. — Je soupçonne qu'elle les a mis en fuite par ses grands airs et sa méchante langue. Les voici qui accourent. Nous allons savoir ce qui s'est passé.

Les enfants furent bientôt arrivés. Mme de Fleurville demanda à ses filles pourquoi elles avaient commis l'impolitesse de quitter Mlle Tourne-Boule.

CAMILLE. — Maman, je suis restée la dernière avec elle; mais il n'y avait pas moyen d'y tenir; moi aussi, je me suis sauvée avec Léon quand elle m'a dit que vous étiez une folle.

MADAME DE FLEURVILLE. — Pauvre fille! je la plains d'être si mal élevée; mais pourquoi les autres étaient-ils partis?

Les enfants racontèrent alors les impertinences que s'était permises Mlle Yolande et les réponses qu'elle s'était attirées. « Je ne blâme qu'une chose, dit M. de Rosbourg en riant; c'est le tourne-broche de Paul et de Marguerite. Ceci était de goût un peu sauvage en effet. »

PAUL. — C'est vrai, mon père; une autre fois je tâcherai d'être plus civilisé. Les parents sont-ils aussi ridicules que leur fille?

M. DE ROSBOURG. — Ma foi, je n'en sais rien; ils sont terriblement communs, mais ils ne sont venus que pour faire des affaires; le père Tourne-Boule m'a vendu, outre sa terre et son château de Dinacre, son hôtel tout meublé à Paris et la forêt qui touche aux fermes du château et que j'ai achetée pour toi. Es-tu content de mon marché?

PAUL. — Je suis content de tout ce que vous faites, mon père, et de tout ce qui ne m'éloigne pas de vous.

M. DE ROSBOURG, *riant*. — Bien! Alors je continuerai à placer tes fonds.

PAUL. — Quels fonds, mon père? Comment ai-je des fonds?

M. DE ROSBOURG. — Tu as, outre la fortune de tes parents, deux millions que M. Fichini a laissés à ton père, qui était son ami d'enfance.

PAUL. — Il était donc bien riche, ce M. Fichini!

M. DE ROSBOURG. — Je crois bien, qu'il était riche! Il a laissé encore quatre millions à son ancien et cher ami M. de Réan, père de Sophie.

LÉON. — Dieu! que Sophie est riche! Je voudrais bien être riche, moi.

M. DE ROSBOURG. — Tu n'en serais pas plus heureux. N'avons-nous pas tout ce que nous pouvons désirer?

LÉON. — C'est égal, c'est agréable d'être riche. Tout le monde vous salue et vous respecte.

PAUL. — Pour ça, non. Est-ce que tu respectes les Tourne-Boule? Sont-ils plus heureux que nous?

MARGUERITE. — Personne n'est heureux comme nous, je crois, depuis le retour de papa et de Paul.

MADELEINE. — Et nous qui ne sommes pas riches, ne sommes-nous pas très heureuses?

CAMILLE. — Et notre bonheur est si vrai! personne ne peut nous l'ôter; il est au fond de nos cœurs, et c'est le Seigneur qui nous le donne.

PAUL. — C'est vrai. Quand on a de quoi manger, de quoi s'habiller, se chauffer et vivre agréablement, de quoi donner à tous les pauvres des environs, à quoi sert le reste? On ne peut pas dîner plus d'une fois, monter sur plus d'un cheval, dans plus d'une voiture, brûler plus de bois que n'en peuvent tenir les cheminées. Ainsi, que faire du reste, sinon le donner à ceux qui n'en ont pas assez?

M. DE ROSBOURG. — Tu as mille fois raison, mon garçon, et à nous deux nous battrons le pays à dix lieues à la ronde pour que tout le monde soit heureux autour de nous.

Les dames et les enfants rentrèrent chacun chez soi. Jacques et Marguerite allèrent dans leur cabane pour lire et causer. Paul et Léon allaient les suivre, lorsque M. de Rosbourg, prêtant l'oreille, dit :
« Mais... quel est ce bruit? Il me semble entendre des gémissements mêlés d'éclats de rire. »

PAUL. — Je les entends aussi. Viens, Léon, allons voir.

LÉON, *timidement*. — Je n'entends rien, moi. Tu te trompes, je crois.

PAUL. — Non, non, je ne me trompe pas. Dépêchons-nous. Viens. *(Tout bas, se penchant à l'oreille de Léon)* : Viens donc : avec moi il n'y a pas de danger.

Paul saisit la main de Léon, et, tout en l'entraînant, il lui dit à mi-voix : « Courage, courage donc !... montre-leur que tu n'as pas peur! Ne me quitte pas,... marche hardiment. »
Ils coururent vers le chemin d'où partait le bruit, pendant que M. de Rugès, surpris, répétait : « Le voilà parti! mais pour tout de bon, cette fois! il court aussi vite que Paul... C'est qu'il n'a pas l'air d'avoir peur. Y venez-vous aussi, Rosbourg! Viens-tu, Traypi? »

M. DE ROSBOURG. — Ne les suivons pas de trop près, pour leur donner le mérite de secourir ceux qui appellent. S'ils ont besoin de renfort, Paul sait que je suis là, prêt à me rendre à son appel... Tiens,... quel accent indigné a Paul !... L'entendez-vous? belle voix de commandement! c'est dommage qu'il ne soit pas encore dans la marine ou dans l'armée... Ah diable! l'affaire se gâte! j'entends des cris et des coups... approchons, il est temps.

En hâtant le pas, M. de Rosbourg, suivi de ses amis, marcha

ou plutôt courut vers le lieu du combat, car il était clair qu'on se battait. En arrivant, ils virent étendu à terre, entièrement déshabillé, le pauvre idiot Relmot. Devant lui se tenaient Paul et Léon, animés par le combat qu'ils venaient de livrer et qui était loin d'être fini. Attaqués par une douzaine de grands garçons, tous deux distribuaient et recevaient force coups de poing et coups de pied. Paul en avait couché deux à terre ; il terrassait le troisième, donnait un coup de pied à un quatrième, un croc-en-jambe et un coup de genou au cinquième, pendant que Léon, moins habile que lui, mais non moins animé, en tenait deux par les cheveux et les cognait l'un contre l'autre, s'en faisant un rempart contre les cinq ou six restant, qui faisaient pleuvoir sur Paul et sur Léon une grêle de coups de poing. M. de Rosbourg s'élança sur le champ de bataille, saisit de chaque main un de ces grands garçons par les reins, les enleva et les lança par-dessus la haie ; il en fit autant de deux autres ; ce que voyant, les derniers cherchèrent à se sauver, mais M. de Rosbourg les rattrapa facilement et leur administra à chacun une correction qui leur fit pousser des hurlements de douleur.

« Allez, maintenant, polissons, et recommencez si vous l'osez ! »

Et il les congédia de deux bons coups de pied. Pendant ce temps, Paul et Léon, aidés de M. de Rugès et de M. de Traypi, relevèrent le pauvre idiot qui restait à genoux tout tremblant et pleurant. Son corps était prodigieusement enflé et rouge ; son dos et ses reins étaient écorchés en plusieurs endroits.

« Pauvre malheureux ! s'écria M. de Rosbourg ; que lui ont-ils fait pour le mettre en cet état ? »

— Quand nous sommes arrivés, mon père, nous avons trouvé ces misérables, armés les uns de grandes verges, les autres de poignées d'orties, battant et frottant le pauvre idiot pendant que les deux plus grands le maintenaient à terre. Ils l'avaient attiré dans ce chemin isolé, l'avaient déshabillé, et s'amusaient, comme je vous l'ai dit, à le fouetter d'orties. C'est Léon qui, accouru le premier et indigné de ce spectacle, leur a ordonné de finir, le pauvre idiot nous a expliqué tant bien que mal ce que je viens de vous dire; je leur ai ordonné à mon tour de laisser ce pauvre garçon. « Ah bah! ont-ils répondu, vous êtes deux, nous sommes douze plus forts que vous : laissez-nous nous amuser, ou nous vous en ferons autant. » Et l'un d'eux allait recommencer, lorsque je lui criai : « Arrête, drôle! Pars à l'instant, ou je t'allonge un coup de pied qui te fera voler à dix pieds en l'air. » Pour toute réponse, il donne un coup à ce pauvre idiot, retombé de peur. Je saute sur ce misérable en criant : « A moi, Léon! Joue des pieds et des mains! » Il ne se le fait pas dire deux fois et tombe dessus comme un lion; j'en couche un à terre, puis un second; j'étais en train d'en travailler quelques autres quand vous nous êtes venu en aide; sans vous, nous aurions eu du mal; mais il n'en restait que dix : nous en serions venus à bout tout de même, n'est-ce pas, Léon? Tu en as cogné quelques-uns et solidement; tu as le poing et les pieds bons! Ils te le diront bien. »

Léon, tout fier et presque étonné de son courage, ne répondit qu'en relevant la tête. M. de Rugès, s'approchant, lui prit les mains et les serra fortement. M. de Rosbourg en fit autant. A ce témoignage d'estime de son père et d'un homme qu'il considérait comme un homme supérieur, Léon rougit vivement et des larmes de bonheur vinrent mouiller ses yeux.

« Il ne s'agit que de commencer, mon brave Léon, lui dit M. de Rosbourg. Tu vois, te voilà l'associé de Paul, le brave des braves. »

M. DE RUGÈS. — Occupons-nous de ce pauvre garçon, qui est là sans vêtements et dans un état à faire pitié.

M. DE ROSBOURG. — Où demeure-t-il? Est-ce loin d'ici?

LÉON. — Non, à deux cents pas, dans le hameau voisin.

M. DE ROSBOURG. — Où ont-ils mis tes habits, mon pauvre garçon?

L'IDIOT. — Ils... les ont... jetés... par-dessus la haie.

En un clin d'œil Paul sauta par-dessus la haie et saisit les habits de l'idiot.

« Tiens, reçois-les », dit-il à Léon en les lui lançant.

M. DE ROSBOURG. — Avant de l'habiller, lavons-le dans la mare qui est ici auprès; l'eau fraîche calmera l'inflammation laissée par les orties et les coups de verges. Viens, mon pauvre garçon; appuie-toi sur mon bras; n'aie pas peur, je ne te ferai pas de mal.

— Oh! non. Vous êtes bien bon,... je vois bien,... répondit l'idiot en tremblant de tous ses membres. Mais... ça me fait mal... de marcher...

M. de Rosbourg et M. de Rugès le prirent dans leurs bras et le portèrent dans la mare. La fraîcheur de l'eau le soulagea. « Ne me laissez pas, disait-il : ils reviendraient et ils me battraient encore. Oh! là là! qu'ils cinglaient fort! Oh! que ça me fait mal! »

M. DE ROSBOURG. — Courage, mon ami! courage! ça va se passer! Nous allons t'habiller maintenant et te ramener chez toi.

L'IDIOT. — Vous n'allez pas me laisser, pas vrai? vous ne me laisserez pas tout seul?

M. DE ROSBOURG. — Non, mon pauvre garçon, je te le promets. Passe ta chemise... Là,... ton pantalon maintenant... Puis ta blouse! Et c'est fini. Mets tes sabots et partons. Ça va-t-il mieux?

L'IDIOT. — Pour ça, oui. Ça fait du bien, la mare.

M. DE TRAYPI. — Connais-tu les noms de ces mauvais drôles qui t'ont battu? Pourrais-tu le dire?

L'IDIOT. — Pour ça, oui. Le grand Michot, puis Jimmel le roux, puis Daniel le borgne, puis Friret, puis Canichon, puis les deux Richardet, puis Lecamus, puis Frognolet le bancal et Frognolet le louche, puis les deux garçons du père Bertot.

M. DE TRAYPI. — Bien, ne les oublie pas; j'irai voir leurs parents et je leur ferai donner une correction solide devant moi, pour être bien sûr qu'ils l'ont reçue.

L'idiot se mit à rire et à se frotter les mains.

« Ha! ha! ha! ils vont en avoir aussi, les brigands, les scélérats. Faites-les battre rondement. Ha! ha! ha! que je suis donc content!... Ça fait du bien tout de même. Ha! ha! ha! Faut les battre avec des orties. Ça leur fera bien plus mal. »

— Pauvre garçon, dit M. de Rosbourg à Paul et à Léon, il ne pense qu'à la vengeance. Pas moyen de lui faire comprendre que le bon Dieu ordonne de rendre le bien pour le mal. Mais nous voici arrivés. Rugès et Traypi, chargez-vous de rendre l'idiot à ses parents. Je vais revenir avec nos braves et raconter leurs exploits à nos amis. Je serai heureux de parler de Léon comme il le mérite.

Et, serrant encore la main de l'heureux Léon, il se mit en route; trouvant le salon vide, il monta chez sa femme, laissant Paul et Léon chercher leurs amis.

Quand ils furent seuls, Léon sauta au cou de Paul.

« Paul, mon ami, mon meilleur ami, tu m'as sauvé! Je ne suis plus poltron, je le sens. Avec toi, d'abord, et seul plus tard, je n'aurai plus peur; je le sens, oui, je le sens dans mon cœur, dans ma tête, dans tout mon corps. Je me sens plus fort, je me sens plus fier, je me sens homme. Merci, mille fois merci, mon ami. Tu m'as tout changé. »

PAUL. — Allons chercher les autres, Léon, je suis impatient de leur raconter ce que tu as fait.

Et tous deux coururent aux cabanes, où ils trouvèrent en effet tous les enfants, chacun dans la sienne, et les attendant avec impatience.

« Arrivez donc, arrivez donc, leur crièrent-ils, nous vous attendons pour manger un plat de fraises et de crème que la mère Romain vient de nous apporter. »

— Avons-nous de la liqueur dans nos armoires, s'écria Paul, pour boire à la santé de Léon, qui vient de se battre vaillamment avec moi contre douze grands garçons et de les mettre en fuite?

— Pas possible! dit Jean surpris.

— Je vois dans les yeux de Léon que c'est vrai, dit Jacques; il a un air que je ne lui ai jamais vu, quelque chose qui ressemble à Paul.

LÉON. — Tu me fais trop d'honneur en trouvant cette ressemblance, mon petit Jacques.

SOPHIE. — Mais qu'as-tu donc? C'est drôle, tu es tout changé!

PAUL. — Vous avez raison, mes amis; Léon n'est plus le même; il vient de se battre avec un courage de lion contre une bande de douze grands garçons pour défendre le pauvre Relmot l'idiot.

LÉON. — Ajoute donc que tu étais avec moi; sans toi je crois en vérité que je n'y aurais pas été.

PAUL. — Et tu aurais bien fait. Seul contre douze, il n'y avait pas à essayer.

JEAN. — Mais qu'aurais-tu fait, toi, si tu avais été seul?

PAUL. — J'aurais appelé mon père, que je savais près de là.

JEAN. — Et s'il n'était pas venu?

PAUL, *avec feu*. — Mon père, ne pas venir à mon appel! Tu ne le connais pas, va; il accourrait n'importe d'où à la voix de son fils. Mais écoutez que je vous raconte les exploits de Léon.

Et Paul leur fit le récit de ce qui venait de se passer, vantant

le courage de Léon, s'effaçant lui-même, et peignant avec
vivacité et indignation les souffrances du pauvre idiot.

« Que je suis donc malheureux de n'avoir pas été avec vous !
dit Jean en frémissant de colère. Avec quel bonheur je vous
aurais aidés à rosser ces méchants garçons ! J'espère bien que
mon oncle n'oubliera pas les visites qu'il a promises aux
parents, pour faire donner une bonne correction à ces mauvais garnements. »

— Oh ! papa ne l'oubliera pas, s'écria Jacques. Pauvre Relmot ! nous irons le voir, n'est-ce pas Paul ?

PAUL. — Demain, mon petit Jacques, nous irons tous. A
présent je rentre pour travailler avec mon père.

— Je vais t'accompagner, dit Marguerite.

— Et moi aussi, dit Jacques.

Et, lui prenant chacun une main, ils marchèrent vers la
maison.

« C'est toi qui as donné du courage à Léon, lui dit Marguerite quand ils furent un peu loin. »

— Mais pas du tout, ma petite Marguerite, c'est lui tout
seul qui s'en est donné.

— Bon Paul ! reprit Marguerite en baisant la main qu'elle
tenait dans les siennes.

— Paul, plus je te connais et plus je t'aime, dit Jacques en
serrant son autre main.

PAUL. — Il en est de même pour moi, mon petit Jacques, je
t'aime comme un frère.

JACQUES. — Si nous pouvions toujours rester ensemble !
comme je serais heureux !

PAUL. — Mais, si nous nous quittons, nous nous retrouverons
toujours.

JACQUES. — Je n'aime pas à pleurer, Paul, et je ne pleure
presque jamais ; mais, quand je vous quitterai, toi et

Marguerite, j'aurai un tel chagrin que je ne pourrai pas m'empêcher de pleurer ; je ne pourrai pas m'en empêcher, je le sens.

MARGUERITE. — Ce ne sera pas pour longtemps, Jacques.

JACQUES. — Mais ce sera bientôt ; dans huit jours les vacances seront finies.

MARGUERITE. — Mais toi, qui n'es pas en pension, tu n'as pas besoin de t'en aller à la fin des vacances.

JACQUES. — Non, mais papa a des affaires ; il m'a dit qu'il ne pourrait pas rester. Je tâche d'avoir du courage, de n'y pas penser ; je fais tout ce que je peux, mais... je ne peux pas.

Et Paul sentit une grosse larme tomber sur. sa main. Il s'arrêta, embrassa tendrement son petit ami ; Marguerite aussi se jeta à son cou.
« Ne pleure pas, Jacques ! Oh ! ne pleure pas, je t'en prie ; si tu as du chagrin, je ne serai plus heureuse ; je serai triste comme toi, et Paul sera triste aussi, et nous serons tous malheureux. Jacques, je t'en prie, ne pleure pas. »
Le bon petit Jacques essuya ses pauvres yeux tout prêts à verser de nouvelles larmes ; il voulut parler, mais il ne put pas ; il essaya de sourire, il les embrassa tous deux et leur promit d'être courageux et de ne penser qu'au retour. Ils se séparèrent, Paul pour travailler, Marguerite pour raconter à son papa le chagrin de Jacques, et Jacques pour aller pleurer à l'aise sur l'épaule de son papa.
Jacques pleura quelque temps et finit par sécher ses larmes. Marguerite pleura un peu de son côté dans les bras de son père, dont les caresses et les baisers ne tardèrent pas à la consoler. Paul, habitué à se commander, fut pourtant triste et sombre tant que dura le chagrin de Marguerite ; son visage s'éclaircit au premier sourire de sa petite sœur, et il reprit son travail quand il la vit tout à fait calme et riante.

XII

la comtesse blagowski

Les vacances étaient près de leur fin; les enfants s'aimaient tous de plus en plus; Léon s'améliorait de jour en jour au contact de Paul et de ses excellentes cousines Camille et Madeleine. Son courage se développait avec ses autres qualités; plusieurs fois il avait eu occasion de l'exercer, et il courait maintenant à l'égal de Paul au-devant du danger, sans toutefois le braver inutilement. L'idiot avait été vengé; les parents des mauvais garnements qui l'avaient battu amenèrent les coupables chez Relmot père, et là, en présence du pauvre idiot, ils administrèrent chacun une correction si sanglante à leurs fils, que l'idiot se sauva en se bouchant les oreilles pour ne pas entendre leurs cris. Jacques était triste, mais résigné et plus tendre que jamais pour Paul et pour Marguerite; Sophie se désolait du prochain départ de ses amis, mais surtout de celui de Jean, toujours si fraternel, si aimable pour elle.

« Tu n'as donc plus entendu parler de ta belle-mère? lui disait un jour Jean dans leur cabane. Où est-elle? Qu'est-elle devenue? »

— Je ne sais, répondit Sophie. Elle n'écrit pas; j'avoue que je n'y pense pas beaucoup; elle m'avait rendue si malheureuse que je cherche à oublier ces trois années de mon enfance.

JEAN. — Quel âge avais-tu quand elle t'a abandonnée? Et quel âge au juste as-tu maintenant?

SOPHIE. — J'avais un peu plus de sept ans; à présent j'en ai neuf, un an de moins que Madeleine et deux ans de moins que Camille.

JEAN. — Et Marguerite, quel âge a-t-elle?

SOPHIE. — Marguerite a sept ans, mais elle est plus

intelligente et plus avancée que moi. Je ne m'étonne pas que Paul l'aime tant! Elle est si bonne et si gentille!

JEAN. — Oh! oui, Paul l'aime bien. Quand on dit quelque chose contre Marguerite, ses yeux brillent; on peut bien dire qu'ils lancent des éclairs.

SOPHIE. — Et comme il aime M. de Rosbourg!

JEAN. — Oh! quant à celui-là, si on s'avisait d'y toucher seulement de la langue, ce ne sont pas les yeux seuls de Paul qui parleraient, il tomberait sur vous des pieds et des poings.

— Sophie! Sophie! cria Camille qui accourait, maman te demande; elle a reçu des nouvelles de ta belle-mère qui vient d'arriver à sa terre et qui est bien malade.

Sophie poussa un cri d'effroi quand elle sut l'arrivée de sa belle-mère; elle voulut se lever pour aller chez Mᵐᵉ de Fleurville; mais elle retomba sur sa chaise, suffoquée par ses sanglots.

« Ma pauvre Sophie, lui dirent Camille et Jean, remets-toi; pourquoi pleures-tu ainsi? »

— Mon Dieu, mon Dieu! il va falloir vous quitter tous et retourner vivre près de cette méchante femme. Ah! si je pouvais mourir ici, chez vous, avant d'y retourner!

— Pourquoi lui as-tu parlé de cela, Camille? dit Jean d'un air de reproche. Pauvre Sophie, vois dans quel état tu l'as mise!

CAMILLE. — Maman m'avait dit de la prévenir; je suis désolée de la voir pleurer ainsi, mais je t'assure que ce n'est pas ma faute; je devais bien obéir à maman. Viens, ma pauvre Sophie, maman t'empêchera d'aller vivre avec ta méchante belle-mère, sois-en sûre.

— Crois-tu? dit Sophie un peu rassurée. Mais elle voudra m'avoir, je le crains. Viens avec nous, Jean, que j'aie du moins mes plus chers amis près de moi. »

Jean et Camille, presque aussi tristes que Sophie, lui donnèrent la main, et ils entrèrent chez Mᵐᵉ de Fleurville qu'ils trouvèrent avec M. et Mme de Rosbourg. Les larmes de Sophie ne purent échapper à M. de Rosbourg; il se leva vivement, alla vers elle, l'embrassa avec bonté et tendresse, et lui demanda si c'était le retour de sa belle-mère qui la faisait pleurer.

SOPHIE, *en sanglotant.* — Oui, cher monsieur de Rosbourg; sauvez-moi, empêchez-moi de quitter Mme de Fleurville et mes amies.

M. DE ROSBOURG. — Rassure-toi, mon enfant, tu resteras ici; Mme de Fleurville est très décidée à te garder. Et moi, qui suis ton tuteur, ajouta-t-il en souriant et en l'embrassant encore, je t'ordonne de vivre ici.

MADAME DE FLEURVILLE. — Ma pauvre Sophie, tu n'aurais pas dû croire si facilement que je voulusse t'abandonner. Ta belle-mère s'étant remariée n'a plus aucune autorité sur toi, et c'est M. de Rosbourg ton tuteur, et moi ta tutrice, qui avons le droit de te garder.

SOPHIE. — Ah! quel bonheur! Me voici toute consolée alors; mais que vous dit donc ma belle-mère?

— Ce n'est pas elle qui écrit; c'est sa femme de chambre; voici sa lettre :

« Trais honoré dame

« Celci es pour vou dir qu ma metresse es trais malade de la tristece qe lui done la mor de son marri, chi nes pas conte ni Blagosfqui; cè un eschappé des galaire du non de Gornbou, qu'il lui a devorai tou son arjan et queu le bon Dieu à lécé pairir qan il sé cheté dans le glacié pourlor queu les bon jamdarm son vnu le prandr pour le rmetre au bagn. la povr madam en é tombé come une mace. el pleuré é demandè qu'on la ramen au chato de mamsel Sofi, alors jeu lé ramné e alor el veu voir mamsel, qel lui fai dir quel va mourire é quel veu lui doné sa ptit mamsel a elvé, avecque laqel jé loneure daitre ma tré onoré dam.

 » Votr très zumble cervante

 » Edvije Brgnprzevska

fam de conpani de madam la contece Blagofsqa, qi né pas du tou conten, queu si jlavês su jnsrès pas zentré ché zel. Je pri cè dam dme trouvé une bon place de dam de conpagni ché une dam comil fo. »

Sophie et Jean ne purent s'empêcher de rire en lisant cette ridicule lettre si pleine de fautes.

« De quelle petite *mam'selle* parle cette femme, madame? » demanda Sophie.

MADAME DE FLEURVILLE. — Je ne sais pas du tout; c'est peut-être un enfant que ta belle-mère a eu depuis son mariage.

— Pauvre enfant, dit Sophie, j'espère qu'elle sera plus heureuse avec sa mère que je ne l'ai été.

— Écoute, Sophie, voici ce que nous avons décidé. M. de Rosbourg va aller voir ta belle-mère pour savoir au juste comment elle est et ce qu'elle veut. Attends tranquillement son retour et ne t'inquiète de rien; ne crains pas qu'elle te reprenne; elle ne le peut pas, et nous ne te rendrons pas. Sophie, très rassurée, embrassa et remercia Mme de Fleurville, M. et Mme de Rosbourg, et s'en alla en sautant, accompagnée de Jean qui sautait plus haut qu'elle et qui partageait tout son bonheur. Une heure après, M. de Rosbourg était de retour et rentrait chez Mme de Fleurville.

« Eh bien! mon ami, quelles nouvelles? »

— La pauvre femme est mourante; elle n'a pas deux jours à vivre; elle a une petite fille d'un an qui n'est guère en meilleur état de santé que la mère; elle est ruinée par ce galérien qui l'a épousée pour son argent; et enfin, elle veut voir Sophie pour lui recommander son enfant et lui demander pardon de tout ce qu'elle lui a fait souffrir.

MADAME DE FLEURVILLE. — Croyez-vous que je doive y mener Sophie?

M. DE ROSBOURG. — Il faut que Sophie la voie, mais je l'y mènerai moi-même; j'imposerai plus à cette femme; elle a déjà peur de moi et elle n'osera pas la maltraiter en ma présence.

M. de Rosbourg alla lui-même prévenir Sophie de la visite qu'elle aurait à faire; il acheva de la rassurer sur les pouvoirs de son ex-belle-mère. Pendant que Sophie mettait son chapeau et prévenait ses amies Camille et Madeleine, M. de Rosbourg faisait atteler d'autres chevaux au phaéton, et ils se mirent en route.

Quand Sophie rentra dans ce château où elle avait tant souffert, elle eut un mouvement de terreur et se serra contre son excellent tuteur, qui, devinant ses impressions, lui prit la main et la garda dans la sienne, comme pour lui bien prouver qu'il était son protecteur et qu'avec lui elle n'avait rien à craindre. Ils avancèrent; Sophie reconnaissait les salons, les meubles; tout était resté dans le même état que le jour où elle en était partie pour aller demeurer chez Mme de Fleurville qui avait été pour elle une seconde mère.

La porte de la chambre de Mme Fichini s'ouvrit. Sophie fit un effort sur elle-même pour entrer, et elle se trouva en face de Mme Fichini, non pas grasse, rouge, pimpante, comme elle l'avait quittée deux ans auparavant, mais pâle, maigre, abattue, humiliée. Elle voulut se lever quand Sophie entra, mais elle n'en eut pas la force; elle retomba sur son fauteuil et se cacha le visage dans ses mains. Sophie vit des larmes couler entre ses doigts. Touchée de ce témoignage de repentir, elle approcha, prit une de ses mains et lui dit timidement :

« Ma... ma mère! »

— Ta mère, pauvre Sophie! dit Mme Fichini en sanglotant. Quelle mère! grand Dieu! Depuis que j'ai fait mon malheur

par cet abominable mariage, depuis surtout que j'ai un enfant, j'ai compris toute l'horreur de ma conduite envers toi.
Dieu m'a punie! Il a bien fait! Je suis bien, bien coupable,...
mais aussi bien repentante, ajouta-t-elle en redoublant de
sanglots et en se jetant au cou de Sophie. Sophie, ma pauvre
Sophie, que j'ai tant détestée, martyrisée, pardonne-moi.
Oh! dis que tu me pardonnes, pour que je meure tranquille.
— De tout mon cœur, du fond de mon cœur, ma pauvre
mère, répondit Sophie en sanglotant. Ne vous désolez pas
ainsi, vous m'avez rendue heureuse en me donnant à Mme de
Fleurville qui est pour moi comme une vraie mère; j'ai été
heureuse, bien heureuse, et c'est à vous que je le dois.

MADAME FICHINI. — A moi! Oh! non, rien à moi, rien, rien,
que ton malheur, que tes pénibles souvenirs, que ton mépris.
Mon Dieu, mon Dieu, pardonnez-moi, je vais mourir. Je
voudrais voir un prêtre. De grâce, un prêtre, pour me confes-
ser, pour que Dieu me pardonne. Sophie, ma pauvre Sophie,
rends-moi le bien pour le mal : demande à ce monsieur, qui
a l'air si bon, d'aller me chercher un prêtre.

M. DE ROSBOURG. — Vous allez en avoir un dans quelques
instants, madame; j'y cours moi-même.

Sophie resta près de sa belle-mère qui continua à sangloter, à
demander pardon, à appeler le prêtre. Sophie pleurait, lui
disait ce qu'elle pouvait, pour la calmer, la consoler, la
rassurer. Une demi-heure après, le curé arriva. Mme Fichini
demanda à rester seule avec lui; ils restèrent enfermés plus
d'une heure; le curé promit de revenir le lendemain et dit à
M. de Rosbourg en se retirant :
« Elle demande qu'on la laisse seule jusqu'à demain, monsieur; la vue de cette petite demoiselle réveille en elle de si
horribles remords qu'elle ne peut pas les supporter; mais elle
vous prie de la lui ramener demain. »
M. de Rosbourg rentra chez Mme Fichini et lui parla en

termes si touchants de la bonté de Dieu, de son indulgence pour le vrai repentir, de sa grande miséricorde pour les hommes, qu'il réussit à la calmer.

« Revenez demain, dit-elle d'une voix faible, vous m'aiderez à mourir ; vous parlez si bien de Dieu et de sa bonté, que je me sens plus de courage en vous écoutant. Promettez-moi de me ramener vous-même Sophie. Pauvre malheureuse Sophie ! ajouta-t-elle en retombant sur son oreiller. Et son malheureux père, c'est moi qui l'ai tué ! Je l'ai fait mourir de chagrin ! Pauvre homme !... et pauvre Sophie !... »
Elle ferma les yeux et ne parla plus. M. de Rosbourg se retira après avoir appelé Mlle Hedwige et la femme de chambre. Il prit Sophie par la main, et tous deux quittèrent en silence ce château où mourait une femme qui, deux ans auparavant, faisait la terreur et le malheur de sa belle-fille. Quand ils furent en voiture, M. de Rosbourg demanda à Sophie :
« Lui pardonnes-tu bien sincèrement, mon enfant ? »

SOPHIE. — Du fond du cœur, monsieur. Dans quel état elle est ! Pauvre femme ! elle m'a fait pitié.

M. DE ROSBOURG. — Oui, la mort doit lui faire peur. Nous mourrons tous un jour ; prions Dieu de nous faire vivre en chrétiens pour que nous ayons une mort douce, pleine d'espérance et de consolation. Le bon Dieu aura pitié d'elle, car elle paraît bien sincèrement repentante.

Quand ils revinrent à Fleurville, ils trouvèrent tout le monde rassemblé sur le perron pour les recevoir.
« Tu as pleuré, pauvre Sophie ! » dit Jean en lui serrant une main, pendant que Paul lui prenait l'autre main.
Sophie leur raconta le triste état de sa belle-mère et tous les détails de leur entrevue ; ils furent tous émus du repentir de Mme Fichini et plaignaient Sophie de l'obligation où elle était d'y retourner le lendemain.
M. de Rosbourg raconta de son côté à sa femme et à ses

amis comment s'était passée cette pénible visite; il parla avec
éloge de la sensibilité de Sophie, et regretta de devoir lui
faire recommencer le lendemain les mêmes émotions.

« C'est singulier qu'elle n'ait pas parlé de l'enfant que si-
gnale Mlle Brrrr..., je ne sais quoi; il n'en a pas été question.
Nous verrons demain. »

Le lendemain, M. de Rosbourg mena encore Sophie chez sa
belle-mère. L'entrevue de la veille avait fait une fâcheuse
impression sur l'état de la malade. Le curé y était; il admi-
nistrait l'extrême-onction. M. de Rosbourg et Sophie se mirent à genoux près du lit de la mourante. Quand le prêtre se
fut retiré, Mme Fichini appela Sophie, et, lui prenant la main,
elle dit d'une voix entrecoupée :

« Sophie,... j'ai un enfant,... une fille... Je suis ruinée... Je
n'ai rien à lui laisser... Tu es riche,... prends cette pauvre
petite à ta charge,... protège-la... Ne sois pas pour elle... ce
que j'ai été pour toi... Pardonne-moi... Je n'exige rien... Ne
me promets rien,... mais sois charitable... pour mon enfant...
Adieu,... ma pauvre Sophie... Adieu,... ma pauvre, pauvre
enfant ! »

— Soyez tranquille, ma mère, dit Sophie, votre fille sera ma
sœur, et je vous promets de la traiter et de l'aimer comme
une sœur. Mme de Fleurville, qui est si bonne, et M. de
Rosbourg, mon excellent tuteur, me permettront d'avoir
soin de ma sœur. N'est-ce pas, monsieur de Rosbourg?

M. DE ROSBOURG. — Oui, mon enfant, suis l'instinct de ton
bon cœur; je t'approuve entièrement.

MADAME FICHINI. — Merci, Sophie, merci... Grâce à toi,...
grâce à ton tuteur... et à ce bon curé,... je meurs plus tranquille... Priez tous pour moi... Que Dieu me pardonne...
Adieu, Sophie,... ton père... pardonne... Je souffre...
J'étouffe... Ah !

Une convulsion lui coupa la parole. M. de Rosbourg saisit

Sophie terrifiée dans ses bras, l'emporta dans la chambre voisine, la remit entre les mains de Mlle Hedwige et revint se mettre à genoux près du lit de Mme Fichini qui ne tarda pas à rendre le dernier soupir. Il pria pour l'âme de cette malheureuse femme, dont la fin avait été si troublée par ses remords. Il dit à un vieux concierge qui habitait le château de prendre avec le curé tous les arrangements nécessaires pour l'enterrement; puis il vint prendre Sophie pour la ramener chez Mme de Fleurville.

« Mais la petite fille, dit Sophie, que va-t-elle devenir? »

— C'est juste, dit M. de Rosbourg. Mademoiselle Hedwige, ayez la bonté de vous occuper de cette enfant jusqu'à ce que nous ayons pris des arrangements pour son avenir.

SOPHIE. — Je voudrais bien la voir, monsieur, avant de m'en aller.

M. DE ROSBOURG, *à* Mlle *Hedwige*. — Où est-elle, mademoiselle?

MADEMOISELLE HEDWIGE. — Dans la chambre à coucher, monsieur. Donnez-vous la peine d'entrer.

Ils entrèrent et virent une bonne qui tenait sur ses genoux une pauvre petite fille, maigre, pâle, chétive.

« Cette petite est malade », dit M. de Rosbourg.

— Elle a toujours été comme ça, monsieur, dit Mlle Hedwige; le médecin pense qu'elle ne vivra pas.

Sophie voulut l'embrasser : la petite détourna la tête en pleurant. M. de Rosbourg voulut à son tour s'approcher : l'enfant jeta des cris perçants.

« Allons-nous-en, dit M. de Rosbourg, une autre fois nous lui ferons peut-être moins peur. »

Et ils partirent pour retourner à Fleurville. Pendant que Sophie racontait à ses amis la mort de sa belle-mère, M. de Rosbourg réglait avec Mme de Fleurville l'avenir de la petite fille.

« Sophie, disait-il, ne peut traiter comme sa sœur la fille d'un galérien et de cette femme qui n'a jamais été pour elle qu'un bourreau; cette Mlle Hedwige me paraît bonne personne, quoique ignorante et bornée. On lui payera une pension pour l'enfant et pour la bonne, et ils vivront dans un coin du château. Quand l'enfant sera plus grande, nous verrons; mais je crois qu'elle ne vivra pas. »

Les prévisions de M. de Rosbourg ne furent pas trompées : la fille de Mme Fichini mourut de langueur peu de mois après, et Mlle Hedwige entra comme dame de compagnie chez une vieille dame étrangère qui lui faisait donner des leçons de français à ses petits-enfants, et qui la garda jusqu'à sa mort en lui laissant de quoi vivre convenablement.

Les vacances finissaient; le jour du départ arriva. Les enfants étaient fort tristes; Jacques et Marguerite pleuraient amère-ment; Sophie pleurait; Jean s'essuyait les yeux; Léon était triste; Paul était sombre et regardait d'un air navré pleurer Marguerite et Jacques.

Il fallait bien enfin se séparer; ce dernier moment fut cruel. M. de Traypi arracha Jacques des bras de Paul et de Mar-guerite, sauta avec lui en voiture et fit partir immédiatement. Marguerite se jeta dans les bras de Paul et pleura longtemps sur son épaule. Il parvint enfin à la consoler, à la grande satisfaction de Mme de Rosbourg qui la regardait pleurer avec tristesse.

M. DE ROSBOURG. — Ton petit ami est parti, ma chère enfant! mais ton grand ami te reste; tu sais comme Paul t'aime; entre lui et moi, nous tâcherons que tu ne t'ennuies pas et que tu sois heureuse.

MARGUERITE. — Oh! papa, je ne m'ennuierai jamais près de vous et de Paul, et je serai toujours heureuse avec vous : mais je pleure mon pauvre Jacques, parce que je l'aime; et puis c'est qu'il m'aime tant, qu'il est malheureux loin de moi!

conclusion

Les vacances étant finies, nous laisserons grandir et vivre nos amis sans plus en parler.

Je dirai seulement à ceux qui ont pris intérêt à mes enfants, que Mme de Rosbourg alla s'installer dans son nouveau château, mais qu'elle continua à voir Mme de Fleurville tous les jours; que Marguerite et Paul donnaient, tous les jours aussi, rendez-vous à leurs trois amies à mi-chemin des deux châteaux; que l'hiver ils demeuraient tous ensemble à Paris, dans l'hôtel de M. de Rosbourg; que Camille fit sa première communion l'année d'après, Madeleine un an plus tard; qu'elles restèrent bonnes et charmantes comme nous les avons vues dans *les Petites Filles modèles,* qu'elles se marièrent très bien et furent très heureuses; que Sophie devint de plus en plus semblable à ses amies, dont elle ne se sépara qu'à l'âge de vingt ans lorsqu'elle épousa Jean de Rugès; que Marguerite ne voulut jamais quitter son père et sa mère, ce qui fut très facile, puisqu'elle épousa Paul quand elle fut grande, et que tous deux consacrèrent leur vie à faire le bonheur de leurs parents.

Léon, aussi bon, aussi indulgent, aussi courageux qu'il avait été hargneux, moqueur et timide, devint un brave militaire. Pendant vingt ans il resta au service; arrivé, à l'âge de cinquante ans, au grade de général, couvert de décorations et d'honneurs, il quitta le service et vint vivre près de son ami Paul, qu'il aimait toujours tendrement.

Jacques conserva toujours la même tendresse pour Paul et Marguerite; tous les ans, il venait passer les vacances avec eux. Quand il devint grand, il entra au Conseil d'État, épousa une sœur de Marguerite, née peu de temps après nos VACANCES, nommée Pauline en l'honneur de Paul qui fut son parrain, et qui était en tout semblable à Marguerite, dont elle avait la bonté, la tendresse, l'esprit et la beauté. Il fut toujours un homme charmant, plein d'esprit, de vivacité, de bonté, de vertu, et ils vécurent tous ensemble, parfaitement heureux.

Les Tourne-Boule quittèrent le pays et la France pour habiter l'Amérique avec les débris de leur fortune perdue en luxe et en vanité ; Mlle Yolande, mal élevée, sans esprit, sans cœur et sans religion, se fit actrice quand elle fut grande et mourut à l'hôpital. M. Tourne-Boule, rentré en France et mourant de faim, fut très heureux d'être reçu chez les petites sœurs des pauvres, où il rendit des services en reprenant son ancien métier de marmiton.

HISTOIRE
DE LA PRINCESSE ROSETTE

I

la ferme

Il y avait un roi et une reine qui avaient trois filles; ils aimaient beaucoup les deux aînées, qui s'appelaient Orangine et Roussette, et qui étaient jumelles; elles étaient belles et spirituelles, mais pas bonnes; elles ressemblaient en cela au roi et à la reine. La plus jeune des princesses, qui avait trois ans de moins que ses sœurs, s'appelait Rosette; elle était aussi jolie qu'aimable, aussi bonne que belle; elle avait pour marraine la fée Puissante, ce qui donnait de la jalousie à Orangine et à Roussette, lesquelles n'avaient pas eu de fées pour marraines. Quelques jours après la naissance de Rosette, le roi et la reine l'envoyèrent en nourrice à la campagne, chez une bonne fermière; elle y vécut très heureuse pendant quinze années, sans que le roi et la reine vinssent la voir une seule fois. Ils envoyaient tous les ans à la fermière une petite somme d'argent pour payer la dépense de Rosette, faisaient demander de ses nouvelles, mais ne la faisaient jamais venir chez eux et ne s'occupaient pas du tout de son éducation. Rosette eût été mal élevée et ignorante, si sa bonne marraine la fée Puissante ne lui avait envoyé des maîtres et ne lui avait fourni tout ce qui lui était nécessaire. C'est ainsi que Rosette apprit à lire, à écrire, à compter, à travailler; c'est ainsi qu'elle devint très habile musicienne, qu'elle sut dessiner et parler plusieurs langues étrangères. Rosette était la plus jolie, la plus belle, la plus aimable et la plus excellente princesse du monde entier. Jamais Rosette n'avait désobéi à sa nourrice et à sa marraine. Aussi jamais elle n'était grondée; elle ne regrettait pas son père et sa mère, qu'elle ne connaissait pas, et elle ne désirait pas vivre ailleurs que dans la ferme où elle avait été élevée.

Un jour qu'elle était assise sur un banc devant la maison, elle vit arriver un homme en habit et chapeau galonnés, qui, s'approchant d'elle, lui demanda s'il pouvait parler à la princesse Rosette.

« Oui, sans doute, répondit Rosette, car c'est moi qui suis la princesse Rosette. »

— Alors, princesse, reprit l'homme en ôtant son chapeau, veuillez recevoir cette lettre que le roi votre père m'a chargé de vous remettre.

Rosette prit la lettre, l'ouvrit et lut ce qui suit :

« Rosette, vos sœurs ont dix-huit ans ; elles sont en âge d'être mariées ; j'invite les princes et les princesses de tous les royaumes du monde à venir assister aux fêtes que je dois donner pour choisir des maris à vos sœurs. Vous avez quinze ans, vous êtes d'âge à paraître à ces fêtes. Vous pouvez venir passer trois jours chez moi. Je vous enverrai chercher dans huit jours ; je ne vous envoie pas d'argent pour vos toilettes car j'ai beaucoup dépensé pour vos sœurs ; d'ailleurs, personne ne vous regardera ; ainsi habillez-vous comme vous voudrez.

« LE ROI, votre père. »

Rosette courut bien vite montrer la lettre à sa nourrice.

« Es-tu contente, Rosette, d'aller à ces fêtes ? »

— Oh ! oui, ma bonne nourrice, bien contente : je m'amuserai bien ; je connaîtrai mon père, ma mère, mes sœurs, et puis je reviendrai près de toi.

— Mais, dit la nourrice en hochant la tête, quelle toilette mettras-tu, ma pauvre enfant ?

— Ma belle robe de percale blanche que je mets les jours de fête, ma bonne nourrice.

— Ma pauvre petite, cette robe, convenable pour la campagne, sera bien misérable pour une réunion de rois et de princes.

— Eh! qu'importe, ma bonne! Mon père dit lui-même que personne ne me regardera. Cela me mettra beaucoup plus à l'aise : je verrai tout, et personne ne me verra. La nourrice soupira, ne répondit rien et se mit à raccommoder, à blanchir et à repasser la robe de Rosette. La veille du jour où l'on devait venir la chercher, elle l'appela et lui dit :

« Voici, ma chère enfant, ta toilette pour les fêtes du roi; ménage bien ta robe, car tu n'en as pas d'autre, et je ne serai pas là pour la blanchir ou la repasser. »

— Merci, ma bonne nourrice; sois tranquille, j'y ferai bien attention.

La nourrice réunit dans une petite caisse la robe, un jupon blanc, des bas de coton, des souliers de peau noire et un petit bouquet de fleurs que Rosette devait mettre dans ses cheveux. Au moment où elle allait fermer la caisse, la fenêtre s'ouvrit violemment et la fée Puissante entra.

« Tu vas donc à la cour du roi ton père, ma chère Rosette? » dit la fée.

— Oui, chère marraine, j'y vais pour trois jours.

— Et quelles toilettes as-tu préférées pour ces trois jours?

— Voici, ma marraine; regardez.

Et elle montra la caisse encore ouverte. La fée sourit, tira un flacon de sa poche, et dit : « Je veux que ma Rosette fasse sensation par sa toilette : ceci n'est pas digne d'elle. »

Elle ouvrit le flacon et versa une goutte de liqueur sur sa robe; immédiatement la robe devint jaune, chiffonnée, et se changea en grosse toile à torchons. Une autre goutte sur les bas en fit de gros bas de filoselle bleus. Une troisième goutte sur le bouquet en fit une aile de poule; les souliers devinrent de gros chaussons de lisière. « Voilà, dit-elle d'un air gracieux, comme je veux que paraisse ma Rosette. Je veux que tu mettes tout cela, Rosette, et, pour compléter ta parure, voici un collier, une attache pour ta coiffure et des bracelets. » En disant ces mots, elle tira de sa poche et mit dans la

C'est moi, la princesse Rosette.

caisse un collier de noisettes, une attache de nèfles et des bracelets en haricots secs.

Elle baisa le front de Rosette stupéfaite et disparut.

Rosette et la nourrice se regardaient ébahies; enfin, la nourrice éclata en sanglots.

« C'était bien la peine de me donner tant de mal pour cette pauvre robe! le premier torchon venu aurait aussi bien fait l'affaire. Oh! Rosette, ma pauvre Rosette, n'allez pas aux fêtes; prétextez une maladie. »

— Non, dit Rosette, ce serait désobligeant pour ma marraine : je suis sûre que ce qu'elle fait est pour mon bien, car elle est bien plus sage que moi. J'irai donc, et je mettrai tout ce que ma marraine m'a laissé.

Et la bonne Rosette ne s'occupa pas davantage de sa toilette : elle se coucha et dormit bien tranquillement. Le lendemain, à peine était-elle coiffée et habillée, que le carrosse du roi vint la prendre; elle embrassa sa nourrice, fit mettre sa petite caisse dans la voiture et partit.

rosette à la cour du roi, son père première journée

On ne fut que deux heures en route, car la ville du roi n'était qu'à six lieues de la ferme de Rosette.

Quand Rosette arriva, elle fut étonnée de voir qu'on la faisait descendre dans une petite cour sale, un page l'attendait.

« Venez, princesse; je suis chargé de vous conduire dans votre appartement. »

— Ne pourrai-je voir la reine? demanda timidement Rosette.

— Vous la verrez, princesse, dans deux heures, quand on se réunira pour dîner; en attendant, vous pourrez faire votre toilette.

Rosette suivit le page, qui la mena dans un long corridor, au bout duquel était un escalier; elle monta, monta longtemps, avant d'arriver à un autre corridor où était la chambre qui lui était destinée. C'était une petite chambre en mansarde, à peine meublée : la reine avait logé Rosette dans une chambre de servante. Le page déposa la caisse de Rosette dans un coin, et lui dit d'un air embarrassé :

« Veuillez m'excuser, princesse, si je vous ai amenée dans cette chambre si indigne de vous. La reine a disposé de tous ses appartements pour les rois et les reines invités; il ne lui en restait plus, et... »

— Bien, bien, dit Rosette en souriant; je ne vous en veux nullement de mon logement; je m'y trouverai très bien.

— Je viendrai vous chercher, princesse, pour vous mener chez le roi et la reine, quand l'heure sera venue.

— Je serai prête, dit Rosette; au revoir, joli page.

Rosette se mit à défaire sa caisse; elle avait le cœur un peu gros; elle tira en soupirant sa sale robe en toile à torchons et le reste de sa toilette, et elle commença à se coiffer devant un morceau de glace qu'elle trouva dans un coin de la chambre. Elle était si adroite, elle arrangea si bien ses beaux cheveux blonds, son aile de poule et l'attache faite de nèfles, que sa coiffure la rendait dix fois plus jolie. Qaund elle fut chaussée et qu'elle eut revêtu sa robe, quelle ne fut pas sa surprise en voyant que sa robe était devenue une robe de brocart d'or brodée de rubis d'une beauté merveilleuse! Ses gros chaussons étaient de petits souliers en satin blanc rattachés par une boucle d'un seul rubis d'une beauté idéale; les bas étaient en soie, et si fins qu'on pouvait les croire tissés en fils d'araignée. Son collier était en rubis entourés de gros diamants; ses bracelets étaient en diamants les plus beaux qu'on eût jamais vus; elle courut à sa glace, et vit que l'aile de poule était devenue une aigrette magnifique et que l'attache en nèfles était une escarboucle d'une telle beauté, d'un tel éclat, qu'une fée seule pouvait en avoir d'aussi belles.

Rosette, heureuse, ravie, sautait dans sa petite chambre et remerciait tout haut sa bonne marraine qui avait voulu éprouver son obéissance et qui la récompensait si magnifiquement.

Le page frappa à la porte, entra et recula ébloui par la beauté de Rosette et la richesse de sa parure.

Elle le suivit; il lui fit descendre bien des escaliers, parcourir bien des appartements, et enfin il la fit entrer dans une série de salons magnifiques qui étaient pleins de rois, de princes et de dames.

Chacun s'arrêtait et se retournait pour admirer Rosette, qui, honteuse d'attirer ainsi tous les regards, n'osait lever les yeux.

Enfin le page s'arrêta et dit à Rosette :

« Princesse, voici le roi et la reine. »

Elle leva les yeux et vit devant elle le roi et la reine qui la regardaient avec une surprise comique.

« Madame, lui dit enfin le roi, veuillez me dire quel est votre nom. Vous êtes sans doute une grande reine ou une grande fée, dont la présence inattendue est pour nous un honneur et un bonheur. »

— Sire, dit Rosette en mettant un genou en terre, je ne suis ni une fée ni une grande reine, mais votre fille Rosette, que vous avez bien voulu faire venir chez vous.

— Rosette ! s'écria la reine ; Rosette vêtue plus richement que je ne l'ai jamais été ! Et qui donc, Mademoiselle, vous a donné toutes ces belles choses ?

— C'est ma marraine, Madame.

Et elle ajouta : « Permettez-moi, Madame, de vous baiser la main, et faites-moi connaître mes sœurs. »

La reine lui présenta sèchement sa main.

« Voilà les princesses vos sœurs », dit-elle en lui montrant Orangine et Roussette qui étaient à ses côtés.

La pauvre Rosette, attristée par l'accueil froid de son père et de sa mère, se retourna vers ses sœurs et voulut les embrasser ; mais elles se reculèrent avec effroi, de crainte que Rosette, en les embrassant, n'enlevât le blanc et le rouge dont elles étaient fardées. Orangine mettait du blanc pour cacher la couleur un peu jaune de sa peau, et Roussette pour couvrir ses taches de rousseur.

Rosette, repoussée par ses sœurs, ne tarda pas à être entourée de toutes les dames et de tous les princes invités. Comme elle causait avec grâce et bonté et qu'elle parlait diverses langues, elle charma tous ceux qui l'approchaient.

Orangine et Roussette étaient d'une jalousie affreuse. Le roi et la reine étaient furieux, car Rosette absorbait toute l'attention ; personne ne s'occupait de ses sœurs. A table, le jeune roi Charmant, qui avait le plus beau et le plus grand de tous les royaumes, et qu'Orangine espérait épouser, se

plaça à côté de Rosette et fut occupé d'elle pendant tout le
repas. Après le dîner, pour forcer les regards de se tourner
vers elles, Orangine et Roussette proposèrent de chanter ;
elles chantaient très bien et s'accompagnaient de la harpe.
Rosette, qui était bonne et qui désirait que ses sœurs l'aimas-
sent, applaudit tant qu'elle put le chant de ses sœurs et vanta
leur talent. Orangine, au lieu d'être touchée de ce généreux
sentiment, espéra jouer un mauvais tour à Rosette en l'enga-
geant à chanter à son tour. Rosette s'en défendit modeste-
ment ; ses sœurs, qui pensèrent qu'elle ne savait pas chanter,
insistèrent vivement ; la reine elle-même, désirant humilier la
pauvre Rosette, se joignit à Orangine et à Roussette et lui
ordonna de chanter. Rosette fit un salut à la reine.
« J'obéis », dit-elle. Elle prit la harpe ; la grâce de son main-
tien étonna ses sœurs. Quand elle commença à préluder sur
la harpe, elles auraient bien voulu l'arrêter, car elles virent
que le talent de Rosette était bien supérieur au leur. Mais
quand elle chanta de sa voix belle et mélodieuse une ro-
mance composée par elle sur le bonheur d'être bonne et
d'être aimée de sa famille, il y eut un tel frémissement
d'admiration, un enthousiasme si général, que ses sœurs
faillirent s'évanouir de dépit. Le roi Charmant semblait
transporté d'admiration. Il s'approcha de Rosette, les yeux
mouillés de larmes, et lui dit :
« Charmante et aimable princesse, jamais une voix plus
douce n'a frappé mes oreilles ; je serais heureux de vous
entendre encore. »
Rosette, qui s'était aperçue de la jalousie de ses sœurs,
s'excusa en disant qu'elle était fatiguée, mais le roi Charmant, qui avait de l'esprit et de la pénétration, devina le vrai
motif du refus de Rosette et l'en admira davantage.
La reine, irritée des succès de Rosette, termina de bonne
heure la soirée ; chacun rentra chez soi.
Rosette se déshabilla ; elle ôta sa robe et le reste de sa

parure, et mit le tout dans une magnifique caisse en ébène, qui se trouva dans sa chambre sans qu'elle sût comment ; elle retrouva dans sa caisse de bois la robe en torchon, l'aile de poule, les noisettes, les nèfles, les haricots, les chaussons et les bas bleus ; elle ne s'en inquiéta plus, certaine que sa marraine viendrait à son secours. Elle s'attrista un peu de la froideur de ses parents, de la jalousie de ses sœurs ; mais comme elle les connaissait bien peu, cette impression pénible fut effacée par le souvenir du roi Charmant, qui paraissait si bon et qui avait été si aimable pour elle ; elle s'endormit promptement, et s'éveilla tard le lendemain.

III

conseil de famille

Pendant que Rosette n'était occupée que de pensées riantes et bienveillantes, le roi, la reine et les princesses Orangine et Roussette étouffaient de colère ; ils s'étaient réunis tous quatre chez la reine.

« C'est affreux, disaient les princesses, d'avoir fait venir cette odieuse Rosette, qui a des parures éblouissantes, qui se fait regarder et admirer par tous les nigauds de rois et de princes. Est-ce donc pour nous humilier, mon père, que vous l'avez appelée ? »

— Je vous jure, mes belles, répondit le roi, que c'est par ordre de la fée Puissante que je lui ai écrit de venir ; d'ailleurs j'ignorais qu'elle fût si belle et que...

— Si belle ! interrompit les princesses ; où voyez-vous qu'elle soit belle ? Elle est laide et bête ; c'est sa toilette qui la fait admirer. Pourquoi ne nous avez-vous pas donné vos plus belles pierreries et vos plus belles étoffes ? Nous avons l'air de souillons, près de cette orgueilleuse.

— Et où aurais-je pris des pierreries de cette beauté ? Je n'en ai pas qui puissent leur être comparées. C'est sa marraine, la fée, qui lui a prêté les siennes.

— Pourquoi aussi avoir appelé une fée pour être marraine de Rosette, tandis que nous n'avions eu que des reines pour marraines ?

— Ce n'est pas votre père qui l'a appelée, reprit la reine ; c'est bien la fée elle-même qui, sans être appelée, nous apparut et nous signifia qu'elle voulait être marraine de Rosette.

— Il ne s'agit pas de se quereller, dit le roi, mais de trouver un moyen pour nous débarrasser de Rosette et empêcher le roi Charmant de la revoir.

— Rien de plus facile, dit la reine; je la ferai dépouiller demain de ses bijoux et de ses belles robes; je la ferai emmener par mes gens, et on la ramènera à sa ferme d'où elle ne sortira plus jamais.

A peine la reine eut-elle achevé ces mots, que la fée Puissante parut, l'air menaçant et irrité.

« Si vous touchez à Rosette, dit-elle d'une voix tonnante, si vous ne la gardez ici, et si vous ne la faites assister à toutes les fêtes, vous ressentirez les effets de ma colère. Vous, roi indigne, vous, reine sans cœur, vous serez changés en crapauds, et vous, filles et sœurs détestables, vous deviendrez des vipères. Osez maintenant toucher à Rosette! »

En disant ces paroles, elle disparut.

Le roi, la reine et les princesses, terrifiés, se séparèrent sans oser prononcer une parole, mais la rage dans le cœur; les princesses dormirent peu, et furent encore plus furieuses le lendemain quand elles virent leurs yeux battus, leurs traits contractés par la méchanceté; elles eurent beau mettre du rouge, du blanc, battre leurs femmes, elles n'en furent pas plus jolies. Le roi et la reine se désolaient autant que les princesses, et ne voyaient pas de remède à leur chagrin.

IV

seconde journée

Une grosse servante apporta à Rosette du pain et du lait, et lui offrit ses services pour l'habiller. Rosette, qui ne se souciait pas que la grosse servante vît la métamorphose de sa toilette, la remercia et dit qu'elle avait l'habitude de s'habiller et de se coiffer seule.

Elle commença sa toilette; quand elle se fut bien lavée, bien peignée, elle se coiffa et voulut mettre dans ses cheveux la superbe escarboucle de la veille; mais elle vit avec surprise que le coffre d'ébène avait disparu. A sa place était la petite caisse de bois, avec un papier dessus; elle le prit et lut :

« Vos effets sont chez vous, Rosette; revêtez comme hier les vêtements que vous avez apportés de la ferme. »

Rosette n'hésita pas, certaine que sa marraine viendrait à son secours; elle arrangea son aile de poule d'une manière différente de la veille, ainsi que l'attache en nèfles, mit sa robe, sa chaussure, son collier et ses bracelets; ensuite elle alla se poser devant la glace; quand elle s'y regarda, elle demeura éblouie; elle avait le plus ravissant et le plus riche costume de cheval : la robe était une amazone en velours bleu de ciel, avec des boutons de perles grosses comme des noix; le bas était bordé d'une torsade de perles grosses comme des noisettes; elle était coiffée d'une petite toque en velours bleu de ciel, avec une plume d'une blancheur éblouissante qui retombait jusqu'à sa taille et qui était rattachée par une perle d'une grosseur et d'une beauté inouïes.

Les brodequins étaient également en velours bleu, brodés de perles et d'or. Les bracelets et le collier étaient en perles si belles, qu'une seule eût payé tout le palais du roi. Au

moment où elle allait quitter sa chambre pour suivre le page qui frappait à la porte, une voix dit à son oreille :
« Rosette, ne montez pas d'autre cheval que celui que vous présentera le roi Charmant. »
Elle se retourna, ne vit personne, et ne douta pas que cet avis ne lui vînt de sa marraine.
« Merci, chère marraine », dit-elle à demi-voix.
Elle sentit un doux baiser sur sa joue, et sourit avec bonheur et reconnaissance.
Le page la mena, comme la veille, dans les salons où elle produisit plus d'effet encore ; son air doux et bon, sa ravissante figure, sa tournure élégante, sa toilette magnifique, captivèrent tous les regards et tous les cœurs. Le roi Charmant, qui l'attendait, alla au-devant d'elle, lui offrit son bras et la mena jusque près du roi et de la reine. Orangine et Roussette crevaient de dépit à la vue de la nouvelle toilette de Rosette, elles ne voulurent même pas lui dire bonjour.
Rosette restait un peu embarrassée de cet accueil ; le roi Charmant, voyant son embarras, s'approcha d'elle et lui demanda la permission d'être son chevalier pendant la chasse dans la forêt.
« Ce sera un grand plaisir pour moi, sire », répondit Rosette, qui ne savait pas dissimuler.
— Il me semble, dit-il, que je suis votre frère, tant je me sens d'affection pour vous, charmante princesse ; permettez-moi de ne pas vous quitter et de vous défendre envers et contre tous.
— Ce sera pour moi un honneur et un plaisir que d'être en compagnie d'un roi si digne du nom qu'il porte.
Le roi Charmant fut ravi de cette réponse ; et, malgré le dépit d'Orangine et de Roussette et leurs tentatives pour l'attirer vers elles, il ne bougea plus auprès de Rosette.
Après le déjeuner, on descendit dans la cour d'honneur pour monter à cheval. Un page amena à Rosette un beau cheval

noir, que deux écuyers contenaient avec peine, et qui semblait vicieux et méchant.

« Vous ne pouvez monter ce cheval, princesse, dit le roi
Charmant, il vous tuerait. Amenez-en un autre », ajouta-t-il
en se tournant vers le page.

— Le roi et la reine ont donné des ordres pour que la
princesse ne montât pas d'autre cheval que celui-ci, répondit
le page.

— Chère princesse, veuillez attendre un moment, je vais
vous amener un cheval digne de vous porter; mais de grâce,
ne montez pas celui-ci.

— Je vous attendrai, sire, dit Rosette avec un gracieux
sourire.

Peu d'instants après, le roi Charmant reparut, menant lui-
même un magnifique cheval, blanc comme la neige; sa selle
était en velours bleu, brodée de perles; sa bride était en or et
en perles. Quand Rosette voulut monter dessus, le cheval
s'agenouilla, et ne se releva que lorsque Rosette fut bien
placée sur sa selle.

Le roi Charmant sauta lestement sur son beau cheval alezan,
et vint se placer au côté de Rosette.

Le roi, la reine et les princesses, qui avaient tout vu, étaient
pâles de colère, mais ils n'osèrent rien faire, de peur de la fée
Puissante.

Le roi donna le signal du départ. Chaque dame avait son
cavalier; Orangine et Roussette durent se contenter de deux
petits princes qui n'étaient ni beaux ni aimables comme le
roi Charmant; elles furent si maussades, que ces princes
jurèrent que jamais ils n'épouseraient des princesses si peu
aimables.

Au lieu de suivre la chasse, le roi Charmant et Rosette
restèrent dans les belles allées de la forêt; ils causaient et se
racontaient leur vie.

« Mais, dit Charmant, si le roi votre père s'est privé de votre

Le prince charmant vint se placer
auprès de Rosette.

présence, comment vous a-t-il donné ses plus beaux bijoux, des bijoux dignes d'une fée ? »

— C'est à ma bonne marraine que je les dois, répondit Rosette ; et elle raconta au roi comme quoi elle avait été élevée dans une ferme, comme quoi elle devait tout ce qu'elle savait et tout ce qu'elle valait à la fée Puissante, qui avait veillé à son éducation et qui lui donnait tout ce qu'elle pouvait désirer.

Charmant l'écoutait avec un vif intérêt et une tendre compassion.

A son tour, il lui raconta qu'il était resté orphelin dès l'âge de sept ans, que la fée Prudente avait présidé à son éducation, que c'était elle qui l'avait envoyé aux fêtes que donnait le roi, en lui disant qu'il trouverait à ces fêtes la femme parfaite qu'il cherchait.

« Je crois, en effet, chère Rosette, avoir trouvé en vous la femme parfaite dont me parlait la fée : daignez associer votre vie à la mienne, et autorisez-moi à vous demander à vos parents. »

— Avant de vous répondre, cher prince, il faut que j'obtienne la permission de ma marraine ; mais croyez que je serai bien heureuse de passer ma vie près de vous.

La matinée s'écoula ainsi fort agréablement pour Rosette et Charmant. Ils revinrent au palais faire leur toilette pour le dîner.

Rosette monta dans sa laide mansarde ; en y entrant, elle vit un magnifique coffre en bois de rose qui était ouvert et vide ; elle se déshabilla, et à mesure qu'elle ôta ses effets, ils allaient se ranger d'eux-mêmes dans le coffre qui se referma quand tout fut placé.

Elle se recoiffa et se rhabilla encore avec soin, et, quand elle courut à sa glace, elle ne put retenir un cri d'admiration. Sa robe était en gaze qui semblait faite d'ailes de papillons, tant elle était fine, légère et brillante ; elle était parsemée de diamants qui brillaient comme des étincelles; le bas de la robe, le corsage et la taille étaient garnis de franges de diamants éclatants comme des soleils. Sa tête était à moitié couverte d'une résille de diamants terminée par de gros glands de diamants qui tombaient sur son cou; chaque diamant était gros comme une poire et valait un royaume. Son collier, ses bracelets étaient en diamants si gros et si étincelants, qu'ils faisaient mal aux yeux lorsqu'on les regardait fixement. Rosette remercia tendrement sa marraine, et sentit encore sur sa joue le doux baiser du matin. Elle suivit le page, entra dans les salons; le roi Charmant l'attendait à la porte, lui offrit son bras, la mena jusqu'au salon où étaient le roi et la reine. Rosette alla les saluer; Charmant vit avec indignation les regards furieux que jetaient à la pauvre Rosette le roi, la reine et les princesses. Comme le matin, il resta près d'elle, et fut témoin de l'admiration qu'inspirait Rosette et du dépit de ses sœurs. Rosette était triste de se voir l'objet de la haine de son père, de sa mère, de ses sœurs. Charmant s'aperçut de sa tristesse et lui en demanda la cause, elle la lui dit franchement.

« Quand donc, chère Rosette, me permettrez-vous de vous demander à votre père? Dans mon royaume, tout le monde vous aimera, et moi plus que tous les autres. »

— Demain, cher prince, je vous transmettrai la réponse de ma marraine, que j'interrogerai à ce sujet.

On alla dîner; Charmant se plaça près de Rosette, qui causa de la manière la plus agréable.

Après dîner, le roi donna des ordres pour que le bal commençât. Orangine et Roussette, qui prenaient des leçons de danse depuis dix ans, dansèrent très bien, mais sans grâce; elles savaient que Rosette n'avait jamais eu occasion de danser, de sorte qu'elles annoncèrent d'un air moqueur que c'était au tour de Rosette. La modeste Rosette s'en défendit vivement, parce qu'il lui répugnait de se montrer en public et d'attirer les regards; mais plus elle se défendait et plus les envieuses sœurs insistaient, espérant qu'elle allait enfin avoir l'humiliation d'un échec. La reine mit fin au débat, en commandant impérieusement à Rosette d'exécuter la danse de ses sœurs.

Rosette se mit en devoir d'obéir à la reine; Charmant, voyant son embarras, lui dit :

« Je serai votre cavalier, chère Rosette; quand vous ne saurez pas un pas, laissez-moi l'exécuter seul. »

— Merci, cher prince, je reconnais là votre bonté. Je vous accepte avec joie pour cavalier, et j'espère que je ne vous ferai pas rougir.

Rosette et Charmant commencèrent; jamais on n'avait vu une danse plus gracieuse, plus vive, plus légère; chacun les regardait avec une admiration croissante. C'était tellement supérieur à la danse d'Orangine et de Roussette, que celles-ci, ne pouvant plus contenir leur fureur, voulurent s'élancer sur Rosette pour la souffleter et lui arracher ses diamants; le roi et la reine, qui ne les perdaient pas de vue et qui devinèrent leurs intentions, les arrêtèrent et leur dirent à l'oreille :

« Prenez garde à la fée Puissante; patience, demain sera le dernier jour. »

Quand la danse fut terminée, les applaudissements éclatèrent de toute part, et chacun demanda avec instance à Rosette et Charmant de recommencer. Comme ils n'étaient pas fatigués, ils ne voulurent pas se faire prier, et exécutèrent une danse nouvelle plus gracieuse et plus légère encore que la précédente. Pour le coup, Orangine et Roussette n'y tinrent plus; la colère les suffoquait; elles s'évanouirent; on les emporta sans connaissance. Leurs visages étaient tellement enlaidis par la colère et l'envie qu'elles n'étaient plus jolies du tout; personne ne les plaignait, parce que tout le monde voyait leur jalousie et leur méchanceté. Les applaudissements et l'enthousiasme pour Rosette devinrent si bruyants, que pour s'y soustraire elle se réfugia dans le jardin, où Charmant la suivit, ils se promenèrent le reste de la soirée et s'entretinrent de leurs projets d'avenir, si la fée Puissante permettait à Rosette d'unir sa vie à celle de Charmant. Les diamants de Rosette brillaient d'un tel éclat que les allées où ils marchaient, les bosquets où ils s'asseyaient, semblaient éclairés par mille étoiles. Il fallut enfin se séparer.

« A demain! dit Charmant; j'espère demain pouvoir dire : A toujours! »

Rosette monta dans sa chambre; quand elle fut déshabillée, sa riche parure alla se ranger dans un coffre plus beau que les précédents : il était en ivoire sculpté, garni de clous en turquoises. Quand Rosette fut déshabillée et couchée, elle éteignit sa bougie et dit à mi-voix :

« Ma chère, ma bonne marraine, que dois-je répondre demain au roi Charmant? Dictez ma réponse, chère marraine; quoi que vous m'ordonniez, je vous obéirai. »

— Dites oui, ma chère Rosette, répondit la voix douce de la fée; c'est moi qui ai arrangé ce mariage; c'est pour vous faire connaître le roi Charmant que j'ai forcé votre père à vous faire assister à ces fêtes.

Rosette remercia la bonne fée, et s'endormit après avoir senti sur ses deux joues le baiser maternel de sa protectrice.

V

troisième et dernière journée

Pendant que Rosette dormait paisiblement, le roi, la reine, Orangine et Roussette rugissaient de colère, se querellaient, s'accusaient réciproquement des succès de Rosette et de leur propre humiliation. Un dernier espoir leur restait. Le lendemain, devait avoir lieu une course en chars. Chaque char, attelé de deux chevaux, devait être conduit par une dame. On résolut de donner à Rosette un char très élevé et versant, attelé de deux jeunes chevaux fougueux et non dressés.

« Le roi Charmant n'aura pas, dit la reine, un char et des chevaux de rechange comme le cheval de selle de ce matin : il lui était facile de prendre un des siens ; mais il ne pourra pas trouver un char tout attelé. »

La consolante pensée que Rosette pouvait être tuée ou grièvement blessée et défigurée le lendemain, ramena la paix entre ces quatre méchantes personnes ; elles allèrent se coucher, rêvant aux meilleurs moyens de se débarrasser de Rosette si la course en chars ne suffisait pas.

Orangine et Roussette dormirent peu, de sorte qu'elles étaient encore plus laides et plus défaites que la veille.

Rosette, qui avait la conscience tranquille et le cœur content, reposa paisiblement toute la nuit ; elle avait été fatiguée de sa journée et elle dormit tard dans la matinée.

Quand elle s'éveilla, elle avait à peine le temps de faire sa toilette. La grosse fille de basse-cour lui apporta sa tasse de lait et son morceau de pain bis. C'étaient les ordres de la reine, qui voulait qu'elle fût traitée comme une servante. Rosette n'était pas difficile ; elle mangea son pain grossier et son lait avec appétit, et commença sa toilette.

Le coffre d'ivoire avait disparu ; elle mit, comme les jours précédents, sa robe de torchon, son aile de poule et les accessoires, et alla se regarder dans la glace.

Elle avait un costume d'amazone en satin paille brodé devant et au bas de saphirs et d'émeraudes. Sa toque était en velours blanc, ornée de plumes de mille couleurs empruntées aux oiseaux les plus rares et rattachées par un saphir gros comme un œuf. Elle avait au cou une chaîne de montre en saphirs admirables, au bout de laquelle était une montre dont le cadran était une opale, le dessus un seul saphir taillé, et le verre un diamant. Cette montre allait toujours, ne se dérangeait jamais et n'avait jamais besoin d'être remontée.

Rosette entendit frapper à sa porte et suivit le page. En entrant dans le salon, elle aperçut le roi Charmant qui l'attendait avec une vive impatience; il se précipita au-devant de Rosette, lui offrit son bras et dit avec empressement :

« Eh bien! chère princesse, que vous a dit la fée? Quelle réponse me donnerez-vous? »

— Celle que me dictait mon cœur, cher prince; je vous consacrerai ma vie comme vous me donnez la vôtre.

— Merci, cent fois merci, chère, charmante Rosette. Quand puis-je vous demander à votre père?

— Au retour de la course aux chars, cher prince.

— Me permettez-vous d'ajouter à ma demande celle de conclure notre mariage aujourd'hui même? car j'ai hâte de vous soustraire à la tyrannie de votre famille, et de vous emmener dans mon royaume.

Rosette hésitait; la voix de la fée dit à son oreille : « Acceptez. » La même voix dit à l'oreille de Charmant : « Pressez le mariage, prince, et parlez au roi sans retard. La vie de Rosette est menacée, et je ne pourrai pas veiller sur elle pendant huit jours à partir de ce soir au coucher du soleil. »

Charmant tressaillit et dit à Rosette ce qu'il venait d'entendre. Rosette répondit que c'était un avertissement qu'il ne fallait pas négliger, car il venait certainement de la fée Puissante.

Elle alla saluer le roi, la reine, ses sœurs; aucun ne lui parla ni ne la regarda. Elle fut immédiatement entourée d'une foule de princes et de rois qui tous se proposaient de la demander en mariage le soir même; mais aucun n'osa lui en parler à cause de Charmant qui ne la quittait pas.

Après le repas, on descendit pour prendre les chars; les hommes devaient monter à cheval, et les femmes conduire les chars.

On amena pour Rosette celui désigné par la reine.

Charmant saisit Rosette au moment où elle sautait dans le char et la déposa à terre.

« Vous ne monterez pas dans ce char, princesse; regardez les chevaux. »

Rosette vit alors que chacun des chevaux était contenu par quatre hommes et qu'ils piaffaient et sautaient avec fureur. Au même instant, un joli petit jockey, vêtu d'une veste de satin paille avec des nœuds bleus, cria d'une voix argentine :

« L'équipage de la princesse Rosette. »

Et on vit approcher un petit char de perles et de nacre, attelé de deux magnifiques chevaux blancs dont les harnais étaient en velours paille orné de saphirs.

Charmant ne savait s'il devait laisser Rosette monter dans un char inconnu; il craignait encore quelque scélératesse du roi et de la reine. La voix de la fée dit à son oreille :

« Laissez monter Rosette; ce char et ces chevaux sont un présent de moi. Suivez-la partout où la mènera son équipage. La journée s'avance, je n'ai que quelques heures à donner à Rosette; il faut qu'elle soit dans votre royaume avant ce soir. »

Charmant aida Rosette à monter dans le char et sauta sur son cheval. Tous les chars partirent; celui de Rosette partit aussi : Charmant ne le quittait pas d'un pas. Au bout de quelques instants, deux chars montés par des femmes voilées cherchèrent à devancer celui de Rosette ; l'un d'eux se précipita avec une telle force contre celui de Rosette qu'il l'eût inévitablement mis en pièces si ce char n'eût pas été fabriqué par les fées : ce fut donc le char lourd et massif qui fut brisé ; la femme voilée fut lancée sur des pierres, où elle resta étendue sans mouvement. Pendant que Rosette, qui avait reconnu Orangine, cherchait à arrêter ses chevaux, l'autre char s'élança sur celui de Rosette et l'accrocha avec la même violence que le premier : il éprouva aussi le même sort ; il fut brisé, et la femme voilée lancée sur des pierres qui semblèrent se placer là pour la recevoir.

Rosette reconnut Roussette ; elle allait descendre, lorsque Charmant l'en empêcha en disant : « Écoutez, Rosette. »

— Marchez, dit la voix ; le roi accourt avec une troupe nombreuse pour vous tuer tous les deux ; le soleil se couche dans peu d'heures ; je n'ai que le temps de vous sauver. Laissez aller mes chevaux, abandonnez le vôtre, roi Charmant.

Charmant sauta dans le char, près de Rosette qui était plus morte que vive ; les chevaux partirent avec une vitesse telle qu'ils faisaient plus de vingt lieues à l'heure. Pendant longtemps ils se virent poursuivis par le roi, suivi d'une troupe nombreuse d'hommes armés, mais qui ne purent lutter contre des chevaux fées ; le char volait toujours avec rapidité ; les chevaux redoublaient tellement de vitesse qu'ils finirent par faire cent lieues à l'heure. Ils coururent ainsi pendant six heures, au bout desquelles ils s'arrêtèrent au pied de l'escalier du roi Charmant. Tout le palais était illuminé ; toute la cour, en habits de fête, attendait le roi au bas du perron. Le roi et Rosette, surpris, ne savaient comment s'expliquer cette réception inattendue. A peine Charmant eut-il aidé Rosette à descendre du char, qu'ils virent devant eux la fée Puissante, qui lui dit :

« Soyez les bienvenus dans vos États. Roi Charmant, suivez-

moi; tout est préparé pour votre mariage. Menez Rosette
dans son appartement, pour qu'elle change de toilette, pendant que je vous expliquerai ce que vous ne pouvez comprendre dans les événements de cette journée. J'ai encore une
heure à moi. »

La fée et Charmant menèrent Rosette dans un appartement
orné et meublé avec le goût le plus exquis; elle y trouva des
femmes pour la servir.

« Je viendrai vous chercher dans peu, chère Rosette, dit la
fée, car mes instants sont comptés. »

Elle sortit avec Charmant et lui dit :

« La haine du roi et de la reine contre Rosette était devenue
si violente, qu'ils étaient résolus à braver ma vengeance et à
se défaire de Rosette. Voyant que leur ruse de la course en
chars n'avait pas réussi, puisque j'ai substitué mes chevaux à
ceux qui devaient tuer Rosette, ils résolurent d'employer la
force. Le roi s'entoura d'une troupe de brigands qui lui
jurèrent tous une aveugle obéissance; ils coururent sur vos
traces, et comme le roi voyait votre amour pour Rosette et
qu'il prévoyait que vous la défendriez jusqu'à la mort, il
résolut de vous sacrifier aussi à sa haine. Orangine et Roussette, qui ignoraient ce dernier projet du roi, tentèrent de
faire mourir Rosette par le moyen que vous avez vu, en
brisant son char, petit et léger, avec les leurs, pesants et
massifs. Je viens de les punir tous comme ils le méritent.

» Orangine et Roussette ont eu la figure tellement meurtrie
par les pierres, qu'elles sont devenues affreuses; je les ai fait
revenir de leur évanouissement, j'ai guéri leurs blessures,
mais en laissant les hideuses cicatrices qui les défigurent; j'ai
changé leurs riches costumes en ceux de pauvres paysannes,
et je les ai mariées sur-le-champ avec deux palefreniers bru-
taux qui ont mission de les battre et maltraiter jusqu'à ce
que leur cœur soit changé, ce qui n'arrivera sans doute
jamais.

» Quant au roi et à la reine, je les ai métamorphosés en bêtes de somme, et je les ai donnés à des maîtres méchants et exigeants qui leur feront expier leur scélératesse à l'égard de Rosette. De plus ils sont tous quatre transportés dans votre royaume et condamnés à entendre sans cesse louer Rosette et son époux.

» Il me reste une recommandation à vous faire, cher prince ; cachez à Rosette la punition que j'ai dû infliger à ses parents et à ses sœurs. Elle est si bonne que son bonheur en serait troublé, et je ne veux ni ne dois faire grâce à des méchants dont le cœur est vicieux et incorrigible. »

Charmant remercia vivement la fée et lui promit le secret. Ils allèrent chercher Rosette, qui était revêtue de la robe de noce préparée par la fée.

C'était un tissu de gaze d'or brillante, brodée de plusieurs guirlandes de fleurs et d'oiseaux en pierreries de toutes couleurs, d'une aimable beauté. Les pierreries qui formaient les oiseaux étaient disposées de manière à produire, au moindre mouvement que faisait Rosette, un gazouillement plus doux que la musique la plus mélodieuse. Rosette était coiffée d'une couronne de fleurs en pierreries plus belles encore que celles de la robe ; son cou et ses bras étaient entourés d'escarboucles qui brillaient comme des soleils. Charmant resta ébloui de la beauté de Rosette. La fée le tira de son extase en lui disant :

« Vite, vite, marchons ; je n'ai plus qu'une demi-heure, après laquelle je dois me rendre près de la reine des fées, où je perds toute ma puissance pendant huit jours. Nous sommes toutes soumises à cette loi dont rien ne peut nous affranchir. »

Charmant présenta la main à Rosette ; la fée les précédait ; ils marchèrent vers la chapelle qui était splendidement éclairée ; Charmant et Rosette reçurent la bénédiction nuptiale. En rentrant dans les salons, ils s'aperçurent que la fée avait disparu ; comme ils étaient sûrs de la revoir dans huit jours, ils ne s'en affligèrent pas. Le roi présenta la nouvelle reine à toute sa cour ; tout le monde la trouva aussi charmante, aussi bonne que le roi, et chacun se sentit disposé à l'aimer comme on aimait le roi. Par une attention très aimable, la fée avait transporté dans le Royaume de Charmant la ferme où avait été élevée Rosette, et tous ses habitants. Cette ferme se trouva placée au bout du parc, de sorte que Rosette pouvait tous les jours, en se promenant, aller voir sa nourrice. La fée avait eu soin aussi de transporter dans la palais de Rosette les coffres qui contenaient les riches toilettes des fêtes auxquelles Rosette avait assisté.

Rosette et Charmant furent heureux ; ils s'aimèrent toujours tendrement. Rosette ne connut jamais la terrible punition de son père, de sa mère, de ses sœurs. Quand elle demanda à Charmant comment ses sœurs se trouvaient de leur chute, il lui répondit qu'elles avaient eu le visage écorché, mais qu'elles étaient guéries, mariées, et que la fée avait défendu à Rosette de s'en occuper. Rosette n'en parla donc plus.

Quant à Orangine et Roussette, plus elles étaient malheureuses et plus leur cœur devenait méchant ; aussi restèrent-elles toujours laides et servantes de basse-cour. Le roi et la reine, changés en bêtes de somme, n'eurent d'autre consolation que de se donner des coups de dents, des coups de pied ; ils furent obligés de mener leurs maîtres aux fêtes qui se donnèrent pour le mariage de Rosette, et ils manquèrent crever de rage en entendant les éloges qu'on lui prodiguait, et en la voyant passer, belle, radieuse et adorée de Charmant.

Ils ne devaient revenir à leur forme première que lorsque leur cœur serait changé. On dit que, depuis six mille ans, ils sont toujours bêtes de somme.

Le roi et la reine,
changés en bêtes de somme...

table des matières

Les Vacances

Histoire de la Princesse Rosette

Imprimé en Belgique par Casterman, s.a., Tournai.
Dépôt légal: 4ᵉ trimestre 1979 ; D. 1981/0053/96.
Déposé au Ministère de la Justice, Paris
(loi n° 49.956 du 16 juillet 1949 sur les publications destinées à la jeunesse).